低劣人間

チーム内の

をデリートせよ

クソ野郎撲滅法

ロバート・I・サットン

片桐恵理子 訳

E

HOLE

LE

Building a Civilized Workplace and Surviving One That Isn't

ROBERT I. SUTTON

THE NO ASSHOLE RULE
Building a Civilized Workplace and Surviving One That Isn't
by Robert I. Sutton, PhD

イブ、クレア、タイラーへ、心からの愛をこめて

目次

はじめに

嫌なやつに出会うと、私はついつい「このクソ野郎！」と思ってしまう。

きっと読者のみなさんも似たような経験があるはずだ。人によっては、偉そうなやつ、うじ虫、最低のやつ、卑劣漢、ドS野郎、暴君、常習犯、独裁者、エゴイストと、相手に対する呼び名は違うかもしれないが、少なくとも私にとっては、そういう人物に対する恐怖や嫌悪をあらわすベストな単語は「クソ野郎」だ。

私が本書を記したのは、残念ながら大半の人が、職場でクソ野郎どもに直面しなければならないからだ。本書では、そのようなうっとうしいやつらが周囲の人に与える影響や、組織のパフォーマンスを低下させる様子について述べている。また、職場からこうした低劣な人間を遠ざける方法や、厄介な連中を変える方法、かたくなに自分のやり方を変えようとしないクソどもを追放する方法、やつらがもたらす被害を最小限に食い止める方法などを紹介する。

私が「クソ野郎撲滅法（No Asshole Rule）」という言葉をはじめて耳にしたのは、かれこれ一五年以上前、スタンフォード大学の学部会議の席上でだった。ささやかながらも底意地の悪い気質が、大学という学問の場に蔓延していることを考えると、こぢんまりとした私たちの学部は驚くほど協力的で公平な職場だった。その日、議長のウォーレン・ハウスマンは、学部の新たなメンバーとしてどんな人物を雇うべきかを議題にしていた。

同僚のひとりが、別の大学で働く、ある有名な研究者を引き入れてはどうかと提案すると、ほかの同僚が異を唱えた。「たとえそいつがノーベル賞受賞者だったとしても、クソ野郎にこの組織を乱してほしくない」。私たちはその意見を聞いてひとしきり笑ったが、そのあとすぐに、品がなくて傲慢な人物を自分たちの組織に迎え入れないためにはどうすべきか、熱心に話し合いはじめた。その瞬間から、新しいスタッフを雇う話になると、「この候補者は賢そうだが、われわれの『クソ野郎撲滅法』に違反していないか？」と問うのがお決まりになった。こうして、私たちの学部はさらによくなっていった。

ほかの職場では、「身勝手な人」「卑劣な人」「弱い者いじめをする人」を一掃するルールといった、もっと品のいい言葉が使われている。場合によっては、ルールはあってもそれが言語化されていないこともある。そのルールがどのような形のものであれ、私は卑劣漢をのさばらせているような職場ではなく、「クソ野郎撲滅法」のある職場で働きたい。

そもそも私は、本書を書くつもりはなかった。ことのはじまりは二〇〇三年、ハーバード・ビジネス・レビュー（ＨＢＲ）誌の編集主任、ジュリア・カービーから、同誌で毎年恒例になっている「ブレイクスルー・アイディア」特集のために何かよい案はないかと問われ、冗談交じりに提案したのがきっかけだった。私はジュリアに、これまで職場で最も役立ったルールは「クソ野郎撲滅法」だと伝えたが、何しろＨＢＲは格調高い雑誌で、はっきり言ってそんな下品な言葉を誌面に載せるとは思えないほど保守的だ。予想どおり「嫌なやつ撲滅法」や「いじめ撲滅法」など、もう少し表現を柔らかくしてほしいという要望があった。だが、それでは言いたいニュアンスが的確に伝わらないと私は抵抗した。そして彼らが本当に「クソ野郎撲滅法」などという言葉を活字にするかどうかをたしかめるためだけに、ちょっとしたエッセイを書いてみる気になったのだ。

きっとＨＢＲ誌からやんわり断られるだろうと思っていた。そしてひそかに、同誌が推奨する、こぎれいで無知な組織論に文句をつけるのを楽しみにしていた――ＨＢＲ誌の編集者は私たちの本心や本音を活字にする気概もないのか、と。

だが、私は間違っていた。ＨＢＲ誌は二〇〇四年二月、「ブレイクスルー・アイディア」特集に（〝理不尽なトラブル〟という大見出しで）私の提唱するルールを掲載しただけでなく、私のエッセイの計八カ所で使われている「クソ野郎」という単語まで活字にしてみせたのだ！　記事が出ると、私はさらなる驚きに見舞われた。それまで私はＨＢＲ誌に四度記事を書いており、そのつどメールや電話をもらったり、マスコミから問い合わせを受けたりしていた。だがそうした反応も、「クソ野郎撲滅法」が引き起こした大反響に比べれば、ささやかなものだったと言っていい。「クソ野郎撲滅法」の文章（およびその後、ＣＩＯインサイトに寄稿した記事）に対して数えきれないほどのメールを受け取り、いまだに毎月たくさんのメールが私のもとに届いている。

最初のメールは建材店のマネジャーからで、私の記事に感銘を受けた彼は、仕事はできるが底意地の悪い従業員に対して、ついにアクションを起こしたのだという。それを皮切りに、世界じゅうのあらゆる職種の人からメッセージが届くようになった。イタリアのジャーナリスト、スペインの経営コンサルタント、ボストンのコンサルタント会社タワーズペリンの会計士、アメリカ大使館（ロンドン）の経営担当参事官、上海の高級ホテルのマネジャー、ピッツバーグの博物館勤務の従業員給付担当マネジャー、ミッション・リッジ・キャピタルのＣＥＯ、アメリカ合衆国最高裁判所の調査員……。

当初、私は「クソ野郎」という語は、職場でのいじめや攻撃性などを扱う研究者たちから粗野で曖昧だと批判されるとばかり思っていたが、意外にも多くの同業者が支持を表明してくれた。ある研究者いわく、「クソ野郎撲滅法に私も同僚も深く共感した。常々、私は『クソ野郎の基準』という調査項目だけで、仕事のやりがいに関するさまざまな食い違いを予測できるのではないかと考えていた。たとえば、上司がそういう人物かどうかが分かれば、ほかの調査をする必要はない……だから少々過激な言葉であっても、そういう人物を形容するのにこれほど的確なものはないと思う」。

さらに私のこの短いエッセイは、ナショナル・パブリック・ラジオ（米公共ラジオ局）やフォーチュン・スモール・ビジネス誌などのメディアでも紹介された。なかでも私のお気に入りは、アメリカン・ロイヤー誌の編集長、アリック・プレスが、拝金主義の法律事務所に即刻〝バカ者監査〟をするよう促したコラムだ。彼はそのなかで、会社のリーダーたちに次のように提言している。「まず自問してみてはどうだろう。なぜ自分たちがクソ野郎の横暴を我慢しているのか？　その答えが二五〇〇時間分の請求書のためだとしたら、少なくとも御社の優先順位は明白である。コンサルタント料を支払って調べるまでもないだろう」

もちろん、弁護士や弁護士事務所が特別なわけではない。嫌なやつというのはどの国のどの職種にもいるものだ。たとえばイギリスでは、「arse」や「arsehole」、もう少し丁寧な言い方で「a nasty piece of work」という言葉が普通に使われているし、これは私たちのいう「クソ野郎（asshole）」の同義語にあたるだろう。「asshat」はややマイルドな言いまわしで、ネット上でよく使用される。「assclown」は、ＷＷＥプロレス団体のスター、クリス・ジェリコや、知る人ぞ知るカルト映画『リストラ・マン』（抑圧的な会社や偉そうな上司に嫌気がさした社員の復讐劇）の影響で市民権を得た言いまわしだ。だがどんなふうに呼ばれようと、呼ばれている本人の多くは自分の行動をまったく自覚していない。それどころか、なかにはその行為を誇らしく思っている者もいるし、自分の行動に悩んだり恥ずかしく思ったりしつつも、どうしても自分を抑えきれずにバカなことをしてしまう人間もいる。とはいえ、同僚や上司や後輩、場合によっては顧客まで怒らせたり傷つけたりする点では、どちらも似たり寄ったりだ。

私は、人から聞いた恐怖や絶望にまつわる話をはじめ、彼らがクソ野郎の攻撃を毅然と切り抜けた方法や、思わず笑ってしまうような復讐譚、嫌なやつらに対するささやかな勝利の話をもとに本書を執筆することにした。また、「洗練された職場」が無邪気な夢物語でないことや、たしかにそういう職場が存在すること、そして適切な経営がなされ、みんなが互いに敬意を払い合えば、蔓延した悪意はなくなり、職場が生まれ変わること（ちなみに、洗練された職場はたいてい高い生産性を維持している）などの証拠が山のようにあるのも、執筆にいたった理由のひとつである。本書が、職場の嫌な同僚、上司、部下に苦しめられているみなさんの共感を呼び、慰めになることを願っている。また、実際に嫌な連中を追い出したり、態度を変えさせたり、それが無理でも、連中からの被害を食い止める一助となることを切に願っている。

第1章

「クソ野郎」の定義

――なぜ嫌なやつがこんなに多いのか

どういう人物をクソ野郎と呼ぶべきか？　嫌なやつ、目障りなやつ、そのときたまたま自分より成功しているやつ……。私たちはたいてい、そうした人たちのことをひとまとめにしてこう呼んでいる。だが「クソ野郎撲滅法」を導入したいのなら、きちんとした定義があったほうがいいだろう。そうすれば、単に苦手なだけの同僚や顧客とそういう連中とを混同しないですむし、ついてない日にたまたまむしゃくしゃしている人たち（一過性のクソ野郎）と、常にねちねちとうっとうしいやつら（真のクソ野郎）との線引きもしやすくなる。それに、きちんとした定義があれば、「なぜ」その同僚や上司や顧客がクソなのかを説明できるうえに、自分が（少なくとも陰で）「クソ野郎だ」と言われている理由や、そういう評判を立てられた理由も分かるというものだ。

ベネット・テッパーをはじめ、職場での精神的虐待について言及する研究者は、その定義を「肉体的な接触を排した悪意ある言葉、あるいは行動による持続的な見せしめ」としている。この定義自体は妥当だろう。しかしクソ野郎のふるまいや、他人に与える影響力を理解するには十分ではない。私がまだ若かりしころ、准教授時代に味わった経験は、本書におけるクソ野郎の定義を把握するためのよい例である。二九歳の研究者としてスタンフォード大学に赴任した私は、未熟で、力もなく、まったく自信のない教師だった。教師一年目の評価はかんばしくなかったが、それも当然の仕事ぶりだった。私はもっと優秀な教師になろうと努力した。するとうれしいことに、赴任から三年目の卒業式で（学生たちの投票により）学科内の最優秀教師に選ばれたのだ。

だがその喜びは、ほんのわずかしか続かなかった。卒業生から心のこもったハグをしてもらったばかりの私のもとに、嫉妬した同僚が駆け寄ってくると、それまで感じていたうれしい気持ちは跡形もなく消えた。彼女はひそかにかつ巧妙に、私の喜びを一滴残らず搾り取っていったのだ。その同僚は表向きは満面の笑みを浮かべたまま、私の耳もとであざけるようにささやいた。「ロバート、ようやくここのお子さまたちを満足させられたんだから、これで腰を据えてきちんとした仕事ができるわね」

この痛ましい記憶は、その人物がクズみたいなやつかどうかを判定するために私が使う二つの基準を満たしている。

・**基準その一**――その人物と話したあと、標的になった側が委縮し、侮辱されたと感じ、やる気を吸い取られるか、あるいは見くびられたように感じるか。とくに、標的自身が自分のことをダメ人間だと思い込んでしまったかどうか。

・**基準その二**――その人物が自分より立場が上の人間にではなく、下の人間に狙いを定めているかどうか。

ちなみに、私はくだんの同僚と話したあと――時間にして一分にも満たなかったが――自己嫌悪に陥った。職場でかつてないほどの喜びを味わっていた状態から、もしかしたらこの栄誉は（スタンフォード大学における主要な評価基準である）研究にまじめに取り組んでいなかった証拠なのではないかと思って落ち込んだのだ。この逸話は、クソ野郎のなかには怒りや傲慢ぶりで相手にダメージを与える者もいるが、必ずしも全員がそうではないことを示している。大声で後輩やライバルを罵ったり、やる気をそいだりする人間は、分かりやすいし、たしなめるのも容易だろう。一方で、私の同僚のように裏表があり、姑息なことをこっそりとやってのける冷静さとスキルを持つ人間の場合、たとえ感情の起伏の激しい人と同等の被害を及ぼしていても、それをやめさせるのは難しい。

クソ野郎が被害者をおとしめたり、へこませたりする行動――心理学者が「相互行動」あるいは単に「行動」と呼ぶもの――はほかにもたくさんある。ささいなものから、そうでないものまで、クソ野郎による一二のよくある卑劣行為をリストにしてみた。このほかにもきっとたくさんあるだろう。彼らの汚いやり口を、私は毎日のように見聞きする。個人攻撃、信用の失墜（社会的地位や尊厳を瞬時に奪う行為）、辱め、名誉を損なう仕打ち、相手をあざけるような冗談、あたかも相手がいないものとして扱う、など。こうした行為は、たとえ一時的であっても、標的となった相手の気持ちを攻撃し、委縮させることがある。クソ野郎が使う汚い手段は次のとおりだ。

卑劣な12の行為――クソ野郎が使う常套手段

1　個人攻撃
2　〝私的な空間〟への侵入
3　不快な身体的接触
4　言葉による、あるいは見振りでの脅しや恫喝
5　辛辣な冗談や、からかいに見せかけたあざけり
6　やる気を萎えさせる好戦的なメール

7　被害者の信用失墜を意図した行為
8　人前で屈辱を与える、または相手の名誉を損なう仕打ち
9　無礼な割り込み
10　二面性のある攻撃
11　不快な表情
12　相手が存在しないかのような扱い

くだんの同僚が私の耳もとでささやいてきた好もしからざる言葉は、一過性のクソ野郎と真のクソ野郎の違いを示す手掛かりとなる。たとえば、前述のような出来事ひとつだけをとって、ある人物を真のクソ野郎呼ばわりするのは公平とは言えず、ひょっとしたらそいつは一過性のクソ野郎かもしれない。なので、同僚のことはひとまず一過性のクソ女と呼ぶことにして、真のクソと認定する前に、もう少し情報を集める必要がある。私たちはたいてい、誰でも一過性のクソ野郎を演じることがある。かくいう私も、自分の度重なる非礼を認めるところだ。たとえば、あるスタッフが私たちのオフィスを奪おうとしていると勘違いし、激怒したことがある。私は、屈辱的なメールを本人とその上司、同僚、後輩に送りつけた。「ひどいじゃない」と彼女は言った。のちに私は彼女に謝罪した。私は何度もくり返し相手を傷つけたわけではないが、それでも自分の卑劣な行為に罪悪感を覚え

た（もし人生で一度も卑劣になったことがないという人がいたら、すぐにでも私に連絡してほしい。どうしたらそんな高潔な人間になれるのか知りたい）。

真のクソ野郎の資格を得るのははるかに難しい。それにはある種の決まったパターンを示し、標的ひとりに対して、おとしめる、へこませる、侮辱する、軽視する、委縮させる、やる気を損なわせる、さらには自己嫌悪に陥らせるといった波状攻撃を仕掛けた過去を持っていなければならない。心理学者は、さまざまな場所や時間に一貫性を求めることで、状態（一時的な感情や思考や行動）と特性（恒久的な性質）を区別している。つまり、特定の人物がいつどこにいても被害者を生み出すような行動をとっていれば、そいつは真のクソ野郎ということになる。

プレッシャーを感じたり、会社が（とくに優秀で力のある）社員に、そういう行為を助長したりするような誤った状況に陥ると、人は誰でもクソ野郎を演じてしまう可能性がある。こんな言葉を何度も使って恐縮だが、やはり、ところかまわず最低のふるまいをし、真のクソ野郎と呼ばれても仕方のない連中はいる。「チェーンソー」の異名を持つアル・ダンラップは、言わずと知れた候補者のひとりだ。『ミーン・ビジネス（Mean Business）』の著者で、サンビーム社の前ＣＥＯであるこの男は、社員に山のような罵詈雑言を浴びせることで有名だった。ジョン・バーンの著書『悪徳経営者』（日経ＢＰ社）のなかで、サンビーム社の役員がダンラップについて次のように評している。「何時間も犬にほえられているような感じがした（中略）ひたすらどなり散らすばかりで、傲慢で、好戦的で、無礼なやつだった」

もうひとりの候補者は、ハリウッドの悪名高い「ボス」のひとりとして知られる、プロデューサーのスコット・ルーディンだ。ウォール・ストリート・ジャーナル紙は、ルーディンが二〇〇〇年から二〇〇五年までのあいだに二五〇名の個人アシスタントを使っていたと見積もっている（ルーディン自身は、一一九名だと主張しているが、二週間以内に辞めたアシスタントの数は記録に含まれていないことを認めている）。元アシスタントたちがウォール・ストリート・ジャーナルに語ったところによれば、ルーディンは日常的に彼らを罵倒したりどなりつけたりしていた。あるアシスタントなどは、朝食にいつもと違うマフィンを持っていったことで辞めさせられたというのだが、それについてルーディン氏は、覚えてはいないが「ありうることだ」と認めている。オンライン雑誌『サロン』は、ルーディンから朝の六時半に電話を受け、女優のアンジェリカ・ヒューストンに誕生日の花を贈るから忘れないようにリマインドしてほしい、と頼まれた元アシスタントの言葉を引用している。その日の午前一一時、ルーディンはそのアシスタントをオフィスに呼ぶと、こうどなったという。「この間抜け！　おまえがリマインドしないから、アンジェリカ・ヒューストンに花を買うのを忘れたじゃないか！」。そして、この元アシスタントはこうつけ加えた。「あの人は自動ドアの向こうにゆっくり消えていきましたが、私が最後に見たのはこちらに向かって突き立てられた中指でした」

こうした行動を彼ら自身が意に介すことはなかった。ニューヨーク・タイムズ紙によると、ワーナコ社の前ＣＥＯ、リンダ・ワックナーは、社員が目標を達成できなかったり、単純に「彼女を不快にさせたり」すると、公にこき下ろすのが常だったという。ワーナコ傘下のハサウェイ・シャツ部門の前社長、クリス・ヘインは「目標を達成しないと、彼女は人をどやしつけて縮こまらせるが、それは恐ろしい剣幕だった」と語っている。別の元社員たちは、ワックナーの攻撃は「仕事に関することではなく、私的なものが多く、性別や人種、民族性などに絡ませることも少なくなかった」と述べている。

執拗に部下を攻撃するのは、有名なボスたちだけではない。ＨＢＲ誌のエッセイ発表後に私のもとに寄せられたメールの多くは、部下を次から次へとこき下ろしてはへこませる上司の話だった。たとえば、スコットランドから送られてきたメール。「私の知り合いの上司がひどいんです。そこはとても小さな事務所で、トイレもありません。知人は妊娠してトイレが近くなりました。毎回、わざわざ近所の店まで行くだけでも大変だったのに、あまりに頻繁に出かけるというので、上司がその回数を彼女の休憩時間や昼休みとしてカウントしはじめたんです！」。また、大きな公益企業に勤めていた元秘書は、彼女の上司（女性）が肩や髪に触れるのをやめてくれないので退社したという。

『問題上司――「困った上司」の解決法』（プレジデント社）のなかで、著者のハーベイ・ホーンスタインが、いくつもの屈辱を味わった被害者におこなったインタビューの抜粋を見てみよう。

> オフィスのみんなから姿も見えて、声も聞こえる位置に立って彼は言いました。「ビリー、これじゃ全然だめだ」と。（中略）彼はそう言いながら、手にしていた書類を丸めたのです。僕が提出した書類です。彼は一枚一枚、くしゃくしゃと丸め、汚いものにでも触るかのようにそれを差し出すと、みんなの見ている前で僕のオフィスの床に落としました。それから大声でこう言ったのです。「ごみみたいな仕事は、ごみにしかならない」。僕は言い返そうとしましたが、さえぎられてしまいました。「きみが出したごみなんだから、自分で掃除してくれ」。僕は言われたとおりにしました。戸口の向こうには、いたたまれなくなって顔をそむける同僚たちの姿が見えました。彼らもこんな光景は見たくなかったのです。三つ揃えのスーツを着た三六歳の男が、上司の前でしゃがみ込み、くしゃくしゃになった書類を拾っているところなど。

こうした話が本当なら、ここに出てきた上司は、職場の仲間、なかでも下の者に対してねちねちと嫌がらせをしていることから、全員、真のクソ野郎ということになる。そう、二つ目の判定基準だ（そいつが自分より立場が上の人間ではなく、下の人間に狙いを定めているかどうか）。スタンフォード大学の卒業式で私の同僚の行為がこれに該当するのは、当時、彼女が私よりも先輩で力を持っていたからだ。

地位が上の者が下の人間をどう扱うかは、その人物の器量を測るかっこうの試金石になる、というのは私だけの考えではない。ヴァージン・グループの創業者、リチャード・ブランソンは、この判断基準に照らし合わせて、〝億万長者の原石〟を探すリアリティー番組の候補者をふるいにかけた。ちなみにこの番組『レベル・ビリオネア――大富豪ブランソンを目指せ！』は、ドナルド・トランプの人気番組『アプレンティス』の対抗馬となるべく制作されたものだ。初回の放送で、ブランソンは関節炎をわずらった年寄りの運転手に変装して候補者たちを空港に迎えにいき、ブランソンを〝どうでもいい〟人間だと思い込み、ぞんざいに扱った二人の候補者を除外した。

くり返しになるが、うっかりクソ野郎的なふるまいをしてしまう事例と、自分より弱い立場の人間に（ごくまれに目上の者にも）執拗に毒を吐きつづける真のクソ野郎には違いがある。何かと物議を醸した元米国国連大使のジョン・R・ボルトンは、米国議会での証言が本当ならば、この条件に当てはまる。ジョージ・W・ブッシュ大統領は、いましも議会から否認されそうだったボルトンを指名したことで議論を巻き起こした。この指名をめぐり、同僚を心理的に虐待しているというボルトンの評判は、マスコミの狂乱を加速させた。たとえば、メロディー・タウンセルは、一九九四年、アメリカ合衆国国際開発庁の請負人《コントラクター》としてモスクワで働いていたときに、ボルトンから被害を受けたと証言している。タウンセルの話によると、彼女がボルトンの代理人の能力のなさに不満を漏らしたあと、ボルトンの態度がひどくなったという。

二〇〇五年にタウンセルがアメリカ合衆国上院外交委員会に送った手紙のなかで、彼女は次のように主張している。「ボルトン氏はロシアのホテル内で私を追いかけまわし……物を投げつけたり、ドアの下に脅迫の手紙を押し込んだりと、狂人じみたふるまいをしました」。そして「事態が収まるのを二週間近く待ちましたが……ジョン・ボルトンの悪質な嫌がらせが続いたため、私はついにホテルの自室に引きこもりました。ボルトン氏はその後も私の部屋にやってきては、ドアを叩いたり脅しの言葉を叫んだりしました」。そのうえ「私の体重や服装についてあれこれ言い、さらには数人のチームリーダーと一緒になって性的なことまで言った」という。

別の議会証言では、ボルトンの部下だった（共和党員の）カール・フォード・ジュニアが、「上の者には弱く、下の者には強気な男」とボルトンを評している。思うに、こうした報告が真実だとすれば、ボルトンは機嫌が悪い日にたまたま何回か度を越してしまったわけではなく、日常的に嫌がらせをおこなっていたことになる。つまり、ボルトンには真のクソ野郎の資格があるということだ。

これは私だけの意見ではない。ビレッジ・ボイス紙は「ウォンテッド――完全なるクソ野郎の国連大使」という見出しを冠した記事を発表し、「ジョン・ボルトンが通りすぎたあとには、疎外された同僚とバカげた意見が残される」と結論づけている。

お上品なだけのクローン人間や腰抜けとクソ野郎を取り違えるな

「クソ野郎」の定義が重要な理由は、もうひとつある。本書では、「根性なし」の採用や育成について議論しているわけではないからだ。私の主張はあくまで、害をなす人間をふるいにかけ、変革し、場合によっては排除することにある。もしも穏やかな話し方や職場のエチケットについて学びたいなら、行儀作法の本でも読んでほしい。私はたとえ耳障りな議論であっても、ぶつかり合うことの意義を固く信じている。学生グループからトップ経営陣まで、あらゆる集団を対象にした調査では、議題をめぐる建設的な議論（ただし程度の低い感情的なものではない）が、とりわけルーティンワークではない作業において高いパフォーマンスを引き出すことが明らかになっている。さらに、私が『なぜ、この人は次々と「いいアイデア」が出せるのか』（三笠書房）のなかで述べているとおり、門戸の狭い組織は創造性を抑圧し、つまらないクローン人間ばかりの殺風景な空間にしてしまう。

正しい摩擦はどんな組織においても役に立つ。有名な例を挙げると、インテルの創設者のひとりで元ＣＥＯのアンドルー・グローブは、事実にこだわり、誰からの挑戦も受けて立つこと――インテルの新人エンジニアから、グローブが役員向けの経営戦略を教えていたスタンフォード大学の学生にいたるまで――で知られていた。グローブにとって、大切なのは常に真実を発見することであり、人々のやる気をそぐことではなかった。意気地しのおべっか使いは単に不快なだけでなく、実際に組織に害をなすというそれなりの証拠もある。組織のなかでおこなわれた一連の実験や調査で、集団が互いに敬意をもって何かを議論しているとき、彼らは優れたアイディアやパフォーマンスを示すことが明らかになった。だからこそ、インテルは従業員に闘うすべを教え、新人社員全員に「建設的な衝突」の授業を受けるよう求めているのだ。一方、同じ調査で、集団が私的な争い――怒りに任せて悪口を言い合うなど――をしたときは、創造性やパフォーマンス、および仕事の満足度が下がることが明らかになっている。つまり、みんなが寄ってたかってクソ野郎になれば、グループ全体が打撃を受けるということだ。

社交下手な人や、空気を読むのが苦手で――悪気がないのに――クソ野郎を演じてしまう人についても言及しておきたい。他人の立場を考えて気持ちを推し測れるような心の知能指数の高い人は、当然ながらそばにいてくれると助かるし、リーダーにも適している。

しかし、極めて有能な社員の多くは変わり者で――崩壊した家庭で育ったり、アスペルガー症候群や非言語性学習障害、トゥレット障害などの障害を持っていたりとさまざまな事由により――社交性にとぼしく、うかつに他人の感情を害してしまう。

前出の自著は、創造的な組織の構築について書いたものだ。執筆のための調査中に、広告代理店、グラフィックデザイン事務所、ハリウッドの制作会社といった、ハイテク企業やクリエイティブな会社で成功した多くのリーダーたちが、いかにして奇行や社会的に不都合な特質を気にせずに、その人物の実際の能力にだけ着目するようになったかを知って驚いた。この話をはじめて聞かせてくれたのは、コンピューターゲーム会社の先駆けであるアタリの創始者、ノーラン・ブッシュネルだ。ブッシュネルが言うには、営業には口達者な者を求めるが、こと技術に関しては「優れた技術者は口がきけないこともある」ため、彼らの仕事だけを見ているという。のちに私は、南カリフォルニア大学などの映画学科に通う学生たちが、ちょっとした変人のほうが才能がありそうに見える（とくに脚本家の場合）と信じて、わざと変わったことをしてみたり、奇抜な服を着てみたりする、「working on your quirk（変人を目指す）」と呼ばれる行為があることも知った。

証拠と経験の一致――職場にはクソ野郎が山ほどいる

「現代組織にはびこるクソ野郎」や「職場のクソ野郎が引き起こす対人行為――形態と頻度」などというテーマの学術研究は聞いたこともない。たいていの研究者は、威厳を損なうような品のない言葉を活字にしたりしないからだ。だが私は、友人や知人が最低でも一度は「クソ野郎と働いたことがある」と言っているのをたしかに聞いている。そして私がクソ野郎について書いていると知った人は、こちらから頼むまでもなく、次々にクソ野郎についての話を提供してくれる。

この痛ましくも興味深いエピソードの数々は、私の風変わりな性格を反映しているのかもしれない。このような本を書いていると、自分は普通の人より、（とくに無礼きわまりない連中による）個人軽視に対して過敏なのではないかと思ったりもする。ちなみに、私の結婚相手は弁護士で、偉そうなクソ野郎が普通以上に多いと評判の職業だ。そしてこのテーマに長らく興味があった私は、善きサマリア人や有名アスリート、非凡な秀才についての知識よりも、収集したクソ野郎の情報のほうをよく覚えている。

「クソ野郎」という言葉を使わずに、ほとんど同じ結論にたどり着く学術研究も山ほどある。そうした研究は、職場でのいじめ、人身攻撃、精神的虐待、侮辱的管理、閉鎖空間での暴政、不作法などの言葉を掲げておこなわれている。また、これらの研究によると、多くの職場が人々を委縮させたり、へこませたりする「対人行為」に侵されていて、そうした行為はしばしば力のある者が力のない者に対しておこなっているという。いくつか気になる点について考えてみよう。

- ローレイ・キアシュリーとカレン・ジャガティックの二〇〇〇年の研究によると、ミシガン州在住の七〇〇人の被験者のうち二七パーセントの労働者が、職場での不遇を経験していて、およそ六人にひとりが執拗な精神的虐待を受けている。
- 二〇〇二年に発表された、アメリカ合衆国退役軍人省における職場での攻撃といじめに関する研究で、キアシュリーとジョエル・ニューマンは、のべ五〇〇〇人近くの従業員に調査を実施し、うち六〇人が「職場でひどい目に遭遇」し、三六パーセントの人が同僚や上司から「執拗な悪意」を受けたと述べている。これはつまり「一年間で少なくとも一週間に一度は攻撃的な行為を受けている」ことになる。さらに二〇パーセント近くの従業員が「そこそこ」から「かなり」ひどい嫌がらせを受けていて、それには、どなる、癇癪を起こす、へこませる、にらむ、仲間はずれにする、卑劣な噂を流す、そして（ごくまれではあるが）「押したり、噛んだり、蹴飛ばしたり、性的暴行、あるいは非性的暴力をふるう」ことが含まれている。
- 看護師を対象にした研究によると、とりわけ被害が大きいことが分かっている。

『専門看護ジャーナル』で発表された、一三〇名のアメリカ人看護師を対象にした一九九七年の調査では、九〇パーセントの人が過去一年のあいだに医師から言葉による嫌がらせを受けたという。被害者たちは、罵倒、無視、さげすみなど、平均して六〜一二項目の事例を報告している。同様に、『整形外科看護』誌で発表された、四六一名の看護師を対象にした二〇〇三年の研究によると、過去一カ月で九一パーセントの人が言葉による嫌がらせ（攻撃されたと感じる扱い、軽視、侮辱）を経験しているという。おもな加害者は医師だが、患者やその家族、同僚の看護師、上司の場合もある。

ミシガン大学の大学院生だったころ、私はダニエル・デニソンとともに一週間ほど外科看護師チームの調査をしたことがある。そのとき私たちは（主として）女性看護師に対する、男性医師からのあからさまな非礼行為や、紛れもない虐待行為を知って愕然とした。たとえば、廊下で女性看護師を追いかけて背後から看護師のからだをつねろうとしていたことから、私たちが「おつねり先生」と名づけた外科医がいる。被害にあった看護師たちに話を聞くと、「病院の上層部に報告したところで、『彼はふざけているだけだ』と言われるに決まっているから騒ぐだけ無駄だ」と苦々しく吐き捨てた。彼女たちにできることは、その医師を極力避けることだけだった。

クリスティン・ピアソンらは、心理的虐待やいじめだけでなく、ささやかな嫌がらせにまで範囲を広げ、職場での非礼についての調査をおこなった。調査した八〇〇名の従業員のうち、一〇パーセントが職場で日常的な非礼行為を目にしており、二〇パーセントの人たちは最低でも週に一回は直接的な被害を受けていることが分かった。ピアソンらは、一二六名のカナダ人頭脳労働者を対象に職場での非礼行為に関する調査もおこない、その結果、約二五パーセントが日常的に職場でなんらかの嫌がらせを目にしており、五〇パーセントの人が最低でも週に一回、直接被害にあっていることが明らかになった。

ヨーロッパの研究者は、「心理的虐待」よりも「いじめ」という言い方を好む。シャーロット・レイナーらは、イギリスの職場におけるいじめの研究を見直し、イギリス人労働者の三〇パーセントが、少なくとも週に一度の割合でいじめにあっていると見積もった。また、民間企業および公的機関で働く五〇〇〇人以上の労働者を対象におこなったイギリスの研究では、一〇パーセントの人が過去六カ月以内にいじめにあっていて、過去五年では約二五パーセントの人が被害を受け、五〇パーセント近くがいじめを目撃していることが分かった。イギリスの研究によると、とくにいじめの多い職場は刑務所、学校、郵政公社だとし、さらに五九四名の研修医の事例でもその割合が高いことが示されている（アメリカの研修医も同様だ）。報告によると、過去一年でいじめにあった研修医の割合は三七パーセントにのぼり、八四パーセントの人が研修医を狙ったいじめを目撃しているという。

精神的虐待やいじめは、オーストリア、オーストラリア、カナダ、ドイツ、フィンランド、フランス、アイルランド、南アフリカをはじめ、世界各国で見られることが、さまざまな研究から分かっている。オーストラリアの労働者の代表的な事例では、三五パーセントの人が最低でもひとりの同僚から言葉によるいじめを受けており、三一パーセントの人が最低ひとりの上司から言葉によるいじめを受けているという。五〇〇〇人近くのデンマーク人労働者のあいだで見られた代表的な事例のひとつ、「卑劣な嫌がらせ」に焦点を当てた研究では、六パーセント以上の労働者が常に職場で特定のいじめにさらされていて、欧州連合（ＥＵ）の国々で働く二万一五〇〇人の労働者との直接面談に基づいておこなわれた第三回欧州労働条件調査では、九パーセントの人が執拗な脅しやいじめにさらされているという報告がある。

こうした嫌がらせのほとんどは、上司から部下に対するもので（およそ五～八割）、同じ地位にいる同僚間の嫌がらせはこれよりも少なく（およそ二～五割）、部下が上司に働く〝逆〟嫌がらせは一パーセントにも満たない。嫌がらせに関与した男女の比率はまちまちだが、被害者となった男女の比率はほぼ同じだという。なかでもはっきりしているのは、いじめや心理的虐待のほとんどが同性同士、つまり男性なら男性を、女性なら女性をターゲットにしていることだ。「職場のいじめやトラウマ研究所」によるウェブ調査では、六三パーセントの女性が女性によるいじめの被害者で、六二パーセントの男性が男性によるいじめの被害者だという。

いじめや虐待にはしる傾向が強いのが男女のどちらなのかは依然不明のままだが、アメリカの徹底した調査の数々が性別による差を示していない一方で、ヨーロッパの研究では、男性のほうがより加害者になりやすいことを示唆している。また、被害者は通常、男女を問わず複数人から標的にされるという。要するに、いわゆる「最低野郎」は男性に多いのかもしれないが、各国の研究によれば、同僚や部下をおとしめたり、へこませたり、エネルギーを吸い取ったりする女性もかなりいるということだ。

職場での嫌がらせや、精神的虐待、集団いじめ、暴君、非礼について書かれた学術的な著作のリストは無数にあるし、多くの論文や書籍が出版されている。調査対象ごとに誰が誰に対して何をしたかを推定し、特定の職場にいじめがはびこる理由も明らかにされている。だが、結果は厳しい。クソ野郎はそこらじゅうに生息しているのだ。

人となりを知る最善の方法

ディエゴ・ロドリゲスは、私が一〇年以上にわたって調査・研究をしてきた小さなデザインコンサルタント会社、アイディオで働いている。先進的な職場環境が整ったこの会社の名前は、このあとも本書に何度か登場する。ディエゴはさまざまな組織に「強力なクソ野郎発見器を開発すべきだ」と促している。この章では、クソ野郎を見つけるための二つのステップを提案する。まず、常にやる気を萎えさせてくる連中を見分けること。次に、被害を受けるのがいつも、加害者よりも社会的地位も力も弱い人間かどうかを確認すること。

この二つのテストには、本書を貫く基本的な考えが含まれている。つまり「弱者に対する態度と強者に対する態度を見れば、その人の人間性が分かる」という考えだ。先ほど、リチャード・ブランソンが億万長者を選ぶ番組で、誰を首にして、誰を残すかを決めるのに用いたテストについて述べた。これより小規模ではあるが、私はスタンフォード大学でたまたま似たような出来事を見かけたことがある。数年前、「クソ野郎テスト」に見事に合格できる古参の学部メンバーに出会ったのだ。大学の規則のせいで身動きがとれなくなっていたスタンフォードの大学院生に助けを求められた彼は、最初は無視して手伝いを拒んでいた。しかし、この高慢ちき野郎は、院生の両親が力のある高官で、大学に多額の寄付をしていることを知ると、一転、頼りになる愛想のいいやつに早変わりしたのだ。

私は、知らない人や、立場が下の人に対して、いつも温かく節度のある態度をとれる人物こそが、真のクソ野郎とは真逆の、すばらしい人間（イディッシュ語で言うところの最高の人間《メンシュ》）だと思っている。ささやかな思いやりは、誰かを気持ちよくするだけでなく、別の利点を生み出すこともある。私の元教え子でローズ奨学生のカナダ人、チャールズ・

ガルニックに教わったすてきな教訓は、まさにぴったりの事例だ。現在、フランスのビジネス学校、インシアードで経営学教授として活躍するチャールズは、私がこれまで出会ったなかで、誰よりも思いやりのある人物のひとりだ。彼は私に、寒くて混み合ったオンタリオ州キングストン駅構内で起こった、心温まる話をしてくれた。彼がローズ奨学金の面接を受けるためにトロントへ行ったときのことだ。ベンチに座って電車を待っていた彼は、老夫婦が立っているのに気がついた。チャールズは彼らしく、すぐに自分の二つの座席を譲ると、二人は喜んで腰を下ろした。翌日、彼は奨学金の最終面接にのぞむために訪れたトロントの会場でその夫婦に会うのだが、実は夫のほうが選考委員会のメンバーだったことが判明する。ささやかな思いやりが名高いローズ奨学金を受け取る助けになったかどうかは定かではないが——私はそうだと思いたい。

私が本書を執筆したのは、チャールズのような最高の人間《メンシュ》が常に喜んで雇われるような組織づくりの手助けをするため——そしてグルーチョ・マルクスの言葉を拝借すれば「ときが卑劣漢を傷つける」*ような、職場づくりにひと役買うため——もしくは、せめて不愉快な連中を変えるか追放するための一助になればと願ってのことだ。

＊ 訳注：「心の傷はときが癒してくれる」をもじった言葉遊び

第2章

クソ野郎による被害

——なぜ組織にルールが必要なのか

すべての組織に「クソ野郎撲滅法」が必要なわけは、嫌なやつというのは被害者だけでなく、周囲の人々、組織のパフォーマンス、そして加害者自身にも甚大な被害を及ぼすからだ。もちろん、直接の被害者の苦しみが最も顕著だ。これは、邪悪な野郎を取り上げた私のエッセイに対して寄せられた痛ましい話のなかでも、何より重要なテーマである。たとえば、元合衆国最高裁判所の調査員の話は、とりわけ厄介で分かりやすい。

私はずっと、ある組織の標的になっていました。クソ野郎撲滅法促進の流れとは真逆にある司法機関です。私の顔色の変化や、心拍数の上昇、医者に行く回数、市販薬の購入が増えたことを知らなければ、たしかに肉体的な暴力や目に見える傷はありません。それでも長期にわたって個人および組織全体が受けた精神的ダメージは、見る人が見れば明らかです。私は政府最高レベルの組織で……身をもってその非道を目にし、経験したのです。

大切なのは、不愉快な連中の矢面に立たされてしまったこの調査員のような被害者や、目撃者の声に耳を傾けること。そして「クソ野郎の管理」問題に苦慮しているマネジャー、顧問弁護士、コンサルタント、企業指導員と話をすること。さらには職場でのいじめや精神的虐待、閉鎖空間での職権乱用、嫌がらせ、集団いじめ、人身攻撃、マナーの悪さ等について書かれた専門書を読むことだ。悪い知らせは容赦がない。バカなやつらが与えるダメージについて、気力をくじくような証拠の痕跡が募っていく。次に、人間や組織の成れの果て、その最悪の事態を検証してみよう。

被害者へのダメージ

好色な上司や同僚、クライアントからの屈辱的でうれしくもない誘いのせいで嫌な思いをしたという話は、世界じゅうで報告されている。人種や宗教差別で仲間はずれにされたり、さげすまれたり、いないものとして扱われたりする話も同様だ。一方で〝無差別な〟クソ野郎が、標的に対して多大な害を及ぼす例も続々と集まってきている。クソ野郎がもたらす不快な影響は、アメリカやヨーロッパ（とくにイギリス）をはじめ、近年ではオーストラリアやアジアなどの研究でも証明されている。

たとえば、ベネット・テッパーは、嫌な上司に関する研究で、アメリカ中西部の都市で働く七一二名の労働者を調査した。その結果、多くの労働者に、あざけり、侮辱、無視などの仕打ちをし、さらには「私は無能です」「私の考えや感情はバカげています」などと言わせておとしめる上司がいることが分かった。こうした屈辱的な行為は、人々を組織から追いやり、残りの社員の意欲までそいでいた。六カ月の追跡調査のすえ、嫌な上司の下で働く従業員は高確率で仕事を辞め、一方で、職場に残った者のほうも仕事や生活に対する満足度の低下に苦しみ、雇用主へ尽くす気持ちが萎え、憂鬱、不安、疲労感が増していることが分かった。ほかの多くの研究でも同じような結果が明らかになっており、被害者たちは仕事に対するやりがい、生産性、集中力の低下のほか、不眠、不安、無力感、慢性疲労、いらいら、怒り、うつなどの精神的・肉体的な問題を報告している。

クソ野郎の影響がこれほど破壊的なのは、ひとつか二つの大げさな嫌がらせではなく、ささいな嫌がらせをこつこつと積み重ねて、人のやる気や尊厳を搾り取っていくためだ。

上司にどなられたことはないが、職場の会議でいつも「どうでもいい存在」のように扱われて「少しずつ死んでいった」秘書の例を見てみよう。彼によると、上司の女性は会議中もめったに彼と目を合わせず、彼がいつも座っている椅子の後ろにある鏡をうっとり見ては、身づくろいをしたり、鏡に映る自分の表情や話し方をチェックしたりしているように見えるという。人前で大々的に侮辱された話などは印象的で記憶に残りやすいが、こうしたささいな無礼は、日々を通じて大きなダメージを与える。ちょっとした不快な視線を向ける、からかいや冗談に見せかけて人前で恥辱を与える、空気のように扱ってさまざまな集まりから排除する……等々の不快な組織生活の断片は、一時的な被害にとどまらない。私たちの心の健康をはじめ、上司、同僚、組織に尽くそうとする気持ちにも累々と影響を及ぼしていく。

クソ野郎が破壊的な蓄積効果を持つ理由のひとつは、不快な交流が前向きな交流よりもはるかに人に与える影響が大きいためだ。最近の調査によると、ネガティブなやり取りはポジティブなやり取りの五倍も気分に影響を及ぼすという。アンドリュー・マイナー、テレサ・グローム、チャールズ・ヒューリンがおもしろい実験をおこなった。四一名の従業員に手のひらサイズのコンピューターを持たせ、一日四回、職場で適当な時間を選んで簡単な質問事項を送信し、各自に答えてもらうというものだ。期間は二～三週間。装置からの合図で画面に短い質問が表示されたら、各従業員は二〇分以内に質問に答えていく——

直前に上司や同僚と交流したか、それはポジティブな交流だったかネガティブな交流だったか。そして現在の感情に関するチェック項目から、「ブルー」「満足」「ハッピー」のいずれかを選ぶ。調査の結果、ネガティブな交流よりもポジティブな交流をしている従業員のほうが多いことが分かった。たとえば、同僚との交流では約三〇パーセントの人がポジティブだと答え、ネガティブだとしたのは約一〇パーセントだった。ところが、ネガティブな交流はポジティブな交流の五倍も気分に影響を及ぼしていた。つまり、嫌なやつというのは、普通の人よりもはるかに強烈なパンチを持っているのだ。

この結果から、侮辱的行為がなぜあれほど破壊的なのかという理由が分かるだろう。ひとりのクソ野郎とのたった一度の接触で搾り取られた気力や幸せを取り戻すには、数多くのポジティブな交流を経なければならないのだ。

ボロボロになった周囲の人々

クソ野郎がダメージを与えるのは、嫌がらせの標的だけにとどまらない。醜悪な行為を目にした（あるいは聞きおよんだだけの）同僚、家族、友人もまた、その余波に苦しむことになる。テッパーによると、嫌な上司の下にいる従業員は仕事と家族のあいだで激しい葛藤に直面し、「仕事での要求が家庭生活の妨げとなる」といった発言に同意しているという。こうした悲しい調査回答の根底にある二次被害の苦しみは、悲嘆にくれるある主婦からのメールに見ることができる。

私の夫は会社の役員で、最低なCEOの直属の部下です。私たちはこの〝チャンス〟のために中西部から引っ越してきました。もう、本当に最悪です。夫のすぐ下の役員たちは、お互いを守ろうと身を寄せ合っていますが、それは誰かがさじを投げたら、残された者同士でストレスを分け合わなければならないことを重々承知しているからです。夫から聞かされたCEOによる言葉の暴力は信じがたいもので、夫がさらにひどいことを言われているのも分かっています。

周囲の人々や、直接見たわけでもない人々にまで及ぼすクソッタレ行為の余波について、先に紹介した合衆国最高裁判所の元調査員はこう語っている。

個人の受ける衝撃は、たとえ加害者本人と会ったことのない人間に対しても危害を及ぼします。私たちの組織では、それぞれの行為が、誰もが恐れる架空の化け物（や化け物の予備軍）を生み出してしまいました。組織が受けたダメージも大きく、内外の火消しに多大な労力を費やすはめになりました。あからさまな不信感が蔓延しました。やり取りはいざというときの証拠メール（長く詳細なメモ）と、第三者を伴った会合のみ。どうにか互いを避けようと、就業時間後の留守電にはさまざまな言い訳が残されるようになり、病欠を使う者が増えました。

ヨーロッパの研究者たちは、いじめの余波に関する証拠を積み重ねてきた。公共機関で働く七〇〇名以上の従業員を対象にしたイギリスの研究では、いじめを目撃した七三パーセントの人がストレスの増加を経験し、四四パーセントの人が自分も標的になるのではないかという不安を抱いていたという。また七つの異なる職種に従事する二〇〇〇名以上の従業員を対象にしたノルウェーの研究では、いじめの被害者が一〇パーセントに満たなかったにもかかわらず、二七パーセントの人がいじめによって生産性が低下したと答えている。どうやら、職場でのいじめがもたらす恐怖は、こうした付加的損害の大部分にかかわっているようだ。イギリスの研究によると、三分の一以上の目撃者が被害者を助けたかったが、怖くてできなかったという。〝第一〟被害者同様、いじめは周囲の者まで職場から追い立てる。シャーロット・レイナーがイギリスの研究を要約したところ、およそ二五パーセントの被害者と、二〇パーセントの目撃者が仕事を辞めているという。つまり、クソ野郎は直接の被害者を傷つけるだけでなく、その卑劣な手法で職場の人間全員を、キャリアや評判も丸ごと含めて毒する可能性があるということだ。

クソ野郎も苦しむ

卑劣漢はみずからの行為の被害者だ。左遷の憂き目にあうこともあれば、嘲笑の的になることもある。正真正銘のクソ野郎とは、被害者や目撃者の気力を奪い去るやからのことだ。だが、他人のやる気をひたすらそぐような人間は、同僚や上司を敵にまわしたり、周囲とのつながりに行きづまったりして、みずからのパフォーマンスも低下させてしまう。

バージニア大学のロブ・クロスらは、三つの異なる組織的ネットワークに属する人々（戦略コンサルタント、エンジニア、統計学者）に同僚の評価を依頼し、その際に「いつその人物と接触し、そのときの気力（エネルギーレベル）はどう変化したか」を基準に報告してもらった。その結果、いい評価を得るには、人に元気を与える人間であることが重要だと判明した。とくに戦略コンサルタントは、人からやる気を奪う人間を低く評価する傾向があった。つまり、他人から気力を奪えば、みずからの仕事の評価も下げてしまうということだ。

さらにクソ野郎がつらいのは、たとえ客観的にいい仕事をしていても、首になることがある点だ。連邦最高裁判所の調査員やその同僚に甚大な被害を及ぼした政府高官は、最終的に〝引退〟に追い込まれた。バスケットボールチーム、インディアナ・フージャーズのコーチ、ボブ・ナイトは、実績も人気もあったのに、目にあまる癇癪のせいで職を解かれた。たしかにクソ的行為が利点を生むこともあるが、最低のふるまいというのは概してパフォーマンスや評判を下げてしまう。その証拠に、彼らが「悪質な手段にもかかわらず」成功することはあっても、「悪質な手段のおかげで」成功することはない。

またクソ野郎は〝暴露〟によって深い屈辱を味わうこともある。二〇〇一年にワーナコの財務トラブルでＣＥＯの職を解かれたリンダ・ワックナーは、彼女が過去におこなったとされる数々の無礼な言動を長いリストにして掲載したニューヨーク・タイムズの記事を目にしたとき、さぞや傷つき、羞恥を覚えたのではないかと思う。同紙は、ワックナーが日常的に民族や人種についての中傷をしていたと伝えており、さらにビジネス・パートナーであるカルバン・クラインもこう主張している。「彼女の他人に対するふるまいはひどかった。あんな暴言は聞くに堪えない」。元部下数名の証言によると、ワックナーの常套手段は、夜中に気に入らない従業員に電話をかけ、翌朝早くにミーティングをやるからといって彼女のオフィスへくるよう命じ、そうしてオフィスにきた彼らを「何時間も、ときには丸一日待たせる」ことだったという。世界屈指の発行部数を誇る新聞にこんなことを書かれたら、さすがのクソッタレでもやりきれないに違いない。

こうした汚名を着るのは、何も金持ちや有名人に限らず、普通の人々の場合だってある。ベーカー&マッケンジー社のロンドン支社で働くリチャード・フィリップス弁護士の例を見てみよう。彼は秘書のジェニー・アムナーに、彼女の不注意によってついてしまったズボンの染みの弁済として四ポンド(約六百円)を支払うように言いつのっていた。そしてなぜかインターネット上に流出した、この二人のあいだで交わされたメールのなかで、アムナーはこう書いている。「すぐに返信できずに申し訳ございませんでした。ですが、母が突然の病気で他界し、四ポンドより切迫した問題があったのです。あなたのズボンにケチャップを数滴かけてしまったことについては、あらためてお詫び申し上げます。一介の秘書の私よりも、弁護士のあなたのほうが当然、お金が入用でしょうから」

やがて、この事実を知った会社は、声明を出した。「事件と、それに続く一連のメールのやり取りについては確認しております。当社の二名のスタッフによる個人的な問題が、収拾のつかない事態になってしまったようです。当社としては可能なかぎり平和的解決を目指して、現在調査をおこなっているところです」。ほどなくしてフィリップスは会社を辞めた。ベーカー&マッケンジー社の広報は、フィリップスはことが公になるずっと前に会社を辞めていたと主張しているが、デイリー・テレグラフ紙は、彼は「公的に恥をかかされて、すっかりまいってしまったのだろう」と報じている。

機能不全に陥った組織のパフォーマンス

クソ野郎が組織に与える損害は、離職率や常習欠勤の増加、仕事に対する意欲の低下のほかにも、心理的虐待、いじめ、集団攻撃についての研究で実証された、やる気のない個々の社員のパフォーマンスにも反映されている。ことにクソ野郎の影響で離職率が増加しているのは明らかで、データも十分にそろっている。たとえば、前出のスコット・ルーディンなどは、同情するわけではないが、五年間で一一九名（ウォール・ストリート・ジャーナルを信じるなら二五〇名）のアシスタントを入れ替えるのに、相当な金と時間を費やしたに違いない。ワーナコの顧問弁護士は、ワックナー時代の離職率を業界内では「よくあること」だと主張しているが、人事役員は業界で最も高い離職率だったと報告している。ワーナコの内部関係者がニューヨーク・タイムズ紙に語ったところによると、「従業員に対する彼女の個人的な批判やもろもろの言動は、過度に従業員を離職させ、業務の維持に必要な人材を会社から奪った」。そしてワックナー主導のワーナコは、「五年間でオーセンティック・フィットネス部門に三名の財務担当責任者を雇い入れ、三年間でカルバンクライン・キッズの社長を五名、そして四年間でワーナコ・インティメイト・アパレルの社長を三名交代させせた」という。

性別や人種や信仰とは無関係に、誰かれかまわず人をさげすむような〝無差別〟クソ野郎が法に触れるかどうかという疑問は、米国をはじめとして他の国々でも結論は出ていない。だが、そんなやつらを守るような組織は、今後の判決を待つまでもなく、多額の法的費用を負うリスクがある。というのも、セクハラや性差別の被害者による主張は、あからさまな敵意が横行している場合、立証が容易だからだ。ストール・ライブズ法律事務所の弁護士、ポール・ブキャナンは、ワシントン州法曹協会に寄稿したエッセイでこう問いかけている――「嫌なやつになるのは違法なのか?」。そして、少なくともいまの段階では違法ではないだろうと結論づけている。だが、ブキャナンは次のように警告する。「無差別な卑劣漢はたいていの場合、法を犯さないため、雇用主がちょっとした嫌がらせを証明するのは難しい。だが秩序を保てず、いじめの常習犯や卑劣漢、あるいは基本的な対人スキルが欠如しているだけの者も含めて、彼らを追放(少なくとも訓練や改善)できない雇用主は、虐待行為になんらかの不法性を見出した社員が起こす、高額で厄介な雇用をめぐる訴訟に頭を抱えることになるかもしれない」

裁判官や陪審員が無差別クソ野郎を取り締まるヒントがアメリカ国外にある。とくにイギリスの裁判所は、執拗な嫌がらせを看過した数社に有罪判決を下しはじめていて、二〇〇一年には、マーキュリー・モバイル・コミュニケーション・サービス社に対して三七万ポンドの支払いを命じる判決を下している。マーキュリー社は、マネジャーのサイモン・ストーンがジェフェリー・ロングに働いた「公的虐待とぬれぎぬ」に対する「報復行為」を見過ごしたという。ロングは資材部の責任者で、ストーンのミスを上層部に報告していた。虐待のせいでロングは体調を崩し、ストレスにより結婚生活も破綻した。マーキュリー社は裁判で最終的に責任を認め、ロングに多額の賠償金を支払うことに同意した。

これほどあからさまではないが、卑劣漢たちが仕事の質を低下させる陰湿な手段はほかにもある。クソ野郎が率いるチームや組織、あるいはクソ行為が横行するチームや組織では、従業員たちは常に背後に気を配り、非難や侮辱の的になるのを避けている。恐怖が根底にある組織は、恐怖や憎しみにむしばまれた人々が報復の機会を狙っている。恐怖が根底にある組織組織を救う方法を知っていても、恐怖のあまり口を開こうとはしない。カリフォルニア・マネジメント・レビュー誌に掲載された、ジョディー・ホッファー・ギッテルの航空業界に関する記述を見てみよう。一九九〇年代のアメリカン航空が、飛行機の遅延やその他の問題にどう対処していたかが書かれたその記事に、私は衝撃を受けた。アメリカン航空の従業員がギッテルに語ったところによると、当時のCEO、ロバート・クランドルの恐怖のせいで、従業員たちは、問題解決よりも誰かに責任をなすりつけることに必死になっていたという。クランドルは次のように自分のやり方を正当化している。「ほとんどの社員は、自分にスポットライトが当たることを望んでいない。だから私はスポットライトが当たらないように、彼らの仕事を増やしてやったまでだ」。内部関係者のなかには、遅延の

〝根本的原因〟を発見するクランドルの能力を称賛していた者もいたが、ギッテルはこう結論づけている。彼の強引なやり方がしっぺ返しをくらった要因は、多くの従業員がクランドルの報復を恐れるあまり、会社のためではなく自分の身を守るためにエネルギーを注いだからだと。遅延があった日のことを現場マネジャーがギッテルに語っている。「クランドルはミスがあると誰かを血祭りに上げたがるんだ……あれじゃ恐怖で管理しているようなものだ」。彼らは、定時運行、荷物の適切な扱い、乗客の満足よりも〝逆襲〟から身を守ることに神経を使っていた。

エイミー・エドモンドソンによる、怖い上司や非協力的な同僚（もしくはクソッタレのせいで身動きがとれない人々）のいる看護師に関する調査でも、似たようなテーマが浮き彫りになっている。エドモンドソンがおこなったのは、看護師を八つのグループに分け、リーダーや同僚との関係がどのように治療ミスに影響するかという、いたって分かりやすい研究だ。彼女は、優れたリーダーや協力的な同僚がいるグループほどミスは少ないだろうと考えた。

ところが、ハーバード大学医学大学院の医師らの協力でおこなわれたこの調査の結果に、エドモンドソンは戸惑った。というのも、リーダーや同僚との関係が良好なチームほどミスを多く報告していたからだ。優れたリーダーがいるグループは、最低なリーダーに率いられたグループの十倍も多くミスを報告していた。やがて、すべての証拠をまとめたエドモンドソンは、優秀なグループの看護師がこれだけのミスを報告したのは、ミスを認めても「心理的に安心できている」からだと突き止めた。「ミスを報告するのは普通のこと」で「薬の毒性を考えたら、絶対に上司に報告するのをためらってはいけない」というのが看護師たちの弁だ。

一方、ミスをほとんど報告しなかった看護師グループの事情はまったく違っていた。恐怖が蔓延していたのだ。彼女たちは口々に言う。「そんなことをしたら首が飛ぶ」し、「裁判沙汰になる」。そして上司に「ミスをしたら犯罪者のように扱われる」、あるいは「二歳児のように扱われる」という。近代品質管理の祖、W・エドワーズ・デミングがかつて言っていたように、恐怖がその醜い頭をもたげたら、人々は組織を改善するためではなく、自分を守ることに神経を注いでしまうのだ。エドモンドソンの調査は、たとえ命にかかわる現場でも、それが起きることを証明した。

クソ野郎が引き起こす憎悪や不満は、離職者の増加に加えて経済的な打撃ももたらす。テッパーの調査では、嫌な上司は組織への献身を低下させることを示唆している。別の調査でも、人が不当に扱われたと感じたり、仕事に不満を覚えたりすると、あえて組織のために「自発的な努力」をしようと思わなくなるという。逆に組織の助けや、満足を得ている場合には、話はまったく変わってくる。

一九七〇年代後半、産業心理学者のフランク・J・スミスは、シカゴのシアーズ本社で働く三〇〇〇人を対象にした研究のなかで、「自発的な努力」をする人の勤務態度についての検証をおこなった。それぞれの従業員の勤務態度が明らかになったのは、シカゴに壊滅的な吹雪が吹き荒れた日のことだ。会社を休む理由を得たその日、上司や仕事に満足している者は、満足していない者に比べて、無理を押してでも出勤してくる割合がはるかに高かった。調査対象となった従業員グループ二七組の出勤率は、最も低い組で三七パーセント、高い組では九七パーセントで、平均すると七〇パーセント（普段は九六パーセント）だった。その組の従業員が上司に満足しているかどうかが、雪の日に出勤するか否かの強力な判断材料になったのだ。たしかに私もクソ野郎の下で、あるいは大勢のクソ野郎と一緒に仕事をしていたら、彼らを助けに行こうとは思わない。だが尊敬する上司や同僚のためなら、なんとしても出かけるだろう。

さらにはこんな証拠まである。冷淡で意地悪な上司の下で働く従業員は、仕返しに会社の物を盗むというのだ。ジェラルド・グリーンバーグは米国中西部にある、似通った三つの製造工場を調査した。三つの工場のうち二つは、一時的に大口契約を失い、一〇週間にわたって一五パーセントの賃金カットを実施した。そのうちひとつの工場では、ある役員が素っ気なくこう告げた。「ひとつか二つの質問には答えるが、次の打ち合わせの時間が迫っているので手短に願いたい」。もうひとつの工場では、役員が誠意を尽くして経緯を説明するとともに、賃金カットに対する心からの謝罪と悔恨の念を示し、さらにはたっぷり一時間かけて質問に答えた。グリーンバーグは、従業員の盗難率に及ぼす興味深い影響を発見した。賃金カットがおこなわれなかった工場では、一〇週のあいだ、盗難率は平時と同じほぼ四パーセントのままだった。賃金カットはおこなわれたが誠意ある説明をした工場では、盗難率が六パーセントに上昇した。そして素っ気ない説明ですませた工場ではそれが一〇パーセント近くまで跳ね上がったのだ。

二つの工場の賃金が正常に戻ると、盗難率も賃金カットの前と同じ率（約四パーセント）に戻った。グリーンバーグの考えでは、賃金カットが実施された二つの工場で従業員の盗難が増えたのは、雇用主にも〝同じ苦しみ〟を味わわせるためだが、実際のところ、冷たくて〝忙しい〟上司に対する報復の意味合いのほうが、はるかに強かったのではないかという。

そもそも盗みを働くべきではないが、分かってはいても、ついついやってしまう人はいる。多数の実験をもとにしたグリーンバーグの研究によると、無神経な上司の下で働いていると感じている人々は、仕返しのひとつとして盗みを働くという。復讐とは穏やかではないが、それもクソ野郎が被害者から引き出す人間性のひとつなのだ。

組織のトップが卑劣漢だという噂が流れると、その評判のせいで優秀な従業員が去ったり、投資家に動揺を与えたりしかねない。医療用ソフト会社、サーナー・コーポレーションのCEO、ニール・パターソンは、二〇〇一年、同社の役員四〇〇名宛てに〝好戦的〟なメールを送った際に、この教訓を学んだ。ニューヨーク・タイムズ紙によると、パターソンは、ほとんどの従業員が週四〇時間の労働をきちんとこなしておらず、「管理職のくせに、部下のしていることを把握していなければ、気にもしていない」と不満をぶつけたという。さらにパターソンは、午前七時半から午後六時半までは従業員駐車場が「ほぼ満車」「土曜は半分埋まった」状態であることを望み、さもなければ荒療治に出て解雇や採用停止も辞さないと脅し、「期限は二週間、さあ急いで取りかかれ」と警告した。

パターソンのメールはネット上に流出し、経営専門家の厳しい批判を招いた。スタンフォード大学の同僚ジェフリー・フェファーなどは、それを「鞭とロープとチェーンも同然の企業」と表現したのだが、彼はいささか私の趣味に毒されてしまったようだ。ともあれ、投資家も歓迎しなかったようで、株価は三日で二二パーセントも下落した。しかし、パターソンはこの騒動をうまく切り抜けた。従業員に謝罪し、あんなメールを送るべきでなかったと反省したところ、株価が回復したのである。こうしてパターソンは、CEOのいじめっ子じみた強硬姿勢は部下だけでなく、投資家まで怖がらせてしまうということを学んだのだった。

まとめ――あなたの組織の「クソ野郎被害総額」はいくら？

ハーバード・ビジネス・レビュー誌の読者から、こんなすてきな提案をいただいた。企業が「クソ野郎の被害総額」を計算すれば、クソ野郎撲滅法を導入する会社がもっと増えるのではないか、というものだ。「労働力の保持と新規採用の両面から見た組織的影響、顧客の喪失、および組織が余計な手間に費やす過剰カロリーを数字で示せば、非常に興味深い洞察を提供できるのではないでしょうか」

組織がそうした被害総額を正確に割り出すというのは、現実的なゴールではない。そこにはさまざまな要因と不確定要素が存在する。たとえば、経営者が何時間「クソ経営」をしていたかを正確に見積もるのは不可能だし、組織内のクソ野郎のせいで負うことになる将来の裁判費用を予測するのも無理だろう。とはいえ、組織のクソ野郎被害額を算出してみるのは、いじめ常習犯やクソ野郎に耐え忍んだ結果がどうなるかを知る有効な方法と言えるだろう。これまで、関連するさまざまな研究を探しまわり、経験豊富な経営者や弁護士と話をするたびに、私はそうした被害額のあまりの多さに愕然としたものだ。のちほど「クソ野郎被害の総額」というリストのなかで、一連の項目を紹介していく。自分の組織のおおよその被害額を知りたければ、私がつくった長い（ただし未完成の）「かかりうるコスト」のリストを参照し、それぞれに対するベストな見積もりを選んで、省略された要素に関しては各自で追加してもらいたい（六〇ページ参照）。

具体的な数字を知ることで、一過性および真のクソ野郎が組織に及ぼす損害に折り合いをつけやすくなる。問題を見過ごしたり、実行不能な解決策を話し合ったりする代わりに、現実的な行動を起こす気になるはずだ。これは、自分が他人をおとしめるのをやめたり、自分でやめられない場合にはなんらかの助けを借りたりするきっかけにもなる。他人をおとしめたりすれば、相手の生活だけでなく、自分の生活まで壊してしまう。また、こうした被害を金に換算する意義はほかにもある。ビジネスの世界というのは、一見すると合理性と数字で成り立っている。だからどれほど説得力に富む詳細な被害状況を伝えたところで、具体的な数字がなければ、上の人間を納得させるのは難しい。おおざっぱな見積もりであっても、彼らの好みに合わせた手段を用いたほうがいいだろう。

研究者のシャーロット・レイナーとローレイ・キアシュリーは、こうした被害額の算出法を検証した。まず、（イギリスの過去の研究に基づいて）離職したいじめの標的を二五パーセント、目撃者を二〇パーセントと見積もり、イギリスのいじめの平均値を一五パーセントとした。レイナーとキアシュリーはそれを一〇〇〇人の組織に当てはめて計算し、仮に二五パーセントがいじめで退職し、代わりの人材を入れるのに二万ドルかかるとしたら、年間で七五万ドルの経費がかかると割り出した。さらに被害を目撃した人が平均で二人いるとして、その二〇パーセントが去るとしたら、一二〇万ドルが追加され、人材の入れ替え費用は年間で総額二〇〇万ドル弱かかると見積もった。

レイナーとキアシュリーが用いた条件は、職場ごとに変わってくるだろう。そこで、今度はひとつの会社がひとりのクソ野郎によって負わされた年間経費を見てみることにしよう。以前、シリコンバレーの会社の重役に「クソ野郎被害額」の構想を話したところ、彼は「それは構想どころじゃない。うちでひとり、ちょうどその計算をしたところだ」と言って次のように説明してくれた。その会社で最も売り上げを出す営業のひとり——仮にイーサンと呼ぶことにしよう——は、常に販売成績で上位五パーセントに入っている。イーサンは真のクソ野郎だ。彼の短気は伝説的で、同僚のことをライバルとみなしていて、毎日のように彼らを侮辱したりおとしめたりしている。とくに夜中の嫌がらせメールは有名で、当然、誰も彼とは働きたがらない。最後のアシスタントも一年ももたなかった。社内のほかのアシスタントたちもイーサンとは働きたがらず、代わりの人員を探すのに時間と金がかかっている。イーサンとうまくやれる可能性がたとえわずかでもある人材を見つけるなんて、どだい無理な注文なのだ。そのあいだにも人事マネジャーは、ときには上役まで巻き込んで、イーサンと、会社のサポートネットワークとの調整に膨大な時間を費やしている。過去五年間で、数名の社員がイーサンに対して「敵意に満ちた職場だ」と苦情を申し立てている。さらに会社はイーサンのアンガーマネジメントのクラスやカウンセリングにもかなりの経費を使っている。

やがて会社は、警告や研修だけでなく、イーサンの傍若無人なふるまいで生じる余計なコストを数値化してボーナスから差し引くべきだと思い定めた。彼らはほかの良識ある営業マンたちと比較して、イーサンの卑劣で浅はかな行為による余計な経費を週ごとに割り出した。人事マネジャーは過去一年分のコスト（イーサンの被害者のケアに費やした時間と金額）を総額でおよそ一六万ドルと見積もった。優秀な人々が悩み苦しみ、これほどの時間を無駄にしたと思うと、とんでもない金額だ。しかも、これは被害総額のすべてではなく、被害者の身体および精神に及ぼした健康被害、周囲の人々が無駄にした時間と感情、身体に及ぼした損害、さらにはイーサンのふるまいが引き起こした恐怖、憎しみ、競争意識の喪失などの負の影響は含まれていない。左に概算を示す。

- イーサンの直属の上司が費やした時間（二五〇時間）……二万五〇〇〇ドル相当
- 人事部の社員が費やした時間（五〇時間）……五〇〇〇ドル相当
- 役員が費やした時間（一五時間）……一万ドル相当
- 顧問弁護士が費やした時間（一〇時間）……五〇〇〇ドル相当
- イーサンの新たな秘書の雇用と研修にかかった費用……八万五〇〇〇ドル
- イーサンの駆け込み要求に関連した時間外コスト……二万五〇〇〇ドル
- アンガーマネジメントの研修とカウンセリング……五〇〇〇ドル

クソ野郎による年間の被害総額……………………一六万ドル

役員と人事マネジャーがイーサンと面談し、これらの金額について話した。そしてイーサンに年末賞与から六〇パーセントを天引きすると伝えると、予想どおりの反応が返ってきた。烈火のごとく怒りだし、自分の期待や要求に応えられない間抜けなスタッフを糾弾したのだ。彼は「辞める」と脅した（だが辞めなかった）。こうした費用を割り出し、本人に面と向かってその経費を支払うよう主張したこの会社に私は拍手を送りたい。とはいえ、もしこの上層部連がクソ野郎撲滅法の実施にもっと早く本腰を入れていれば、何年も前にイーサンを退室させることができただろう。そんなわけで、クソ野郎撲滅法の実践、順守、維持する方法をこれから見ていきたい。

残念なのは、こうした加害者による組織的損失が、上層部や投資家の認識している金額よりもはるかに大きいということだ。どうにか組織にクソ野郎撲滅法を定着させることができれば、膨大な費用の節約になるし、仲間やその友人家族、ひいてはあなた自身の心に大きな傷がつくのを防いでくれるだろう。

クソ野郎被害の総額――組織のクソ野郎被害総額を割り出す際に考慮すべき要素

被害者や目撃者がこうむる損害

- 集中力の阻害――不快な接触を避けたり、不快な出来事に対処したり、非難を避けたりするための余計な労力。仕事そのものに身が入らない
- 精神的安心感の低下、および恐怖が蔓延する環境下で提案する意欲、リスクに立ち向かう気概、自身や他人の失敗から学ぶ姿勢の低下、率直な議論の減少（正直な意見によって足もとをすくわれる可能性があるため）
- 職場でのモチベーションと気力の喪失
- ストレスによる精神的、肉体的不調
- 精神疾患の可能性
- 長期のいじめによる、被害者自身のクソ野郎化
- 無断欠勤
- 嫌な上司や同僚が原因の離職――職務中に新たな職探しをする

クソ野郎の苦悩

- 被害者や目撃者が手を貸したり、協力したり、悪い知らせを伝えるのをためらう
- 被害者や目撃者からの報復
- 組織内で能力を発揮しきれない
- 〝暴露〟による屈辱
- 職を失う
- 長期的なキャリアの損傷

経営者側がこうむる悲劇

- クソ野郎をなだめ、落ち着かせ、話を聞き、自制させるために費やす時間
- 被害にあった従業員の「頭を冷やす」ために費やす時間
- 被害にあった顧客、契約社員、取引先、その他外部関係者の「頭を冷やす」ために費やす時間
- クソ野郎の被害を減らすために部門やチームを再編成する時間
- いなくなったクソ野郎や被害者に代わる従業員を面接、雇用、研修するために費やす時間
- 管理破綻による士気の低下と苦痛の増加

法的管理および人事管理にかかるコスト

- クソ野郎を改善させるためのアンガーマネジメントやその他の研修費
- 内部および外部の弁護士に支払う費用
- 被害者に支払う示談金や賠償金
- クソ野郎疑惑をかけられた（とくに誤解で解雇されたと主張する）者に支払う示談金や賠償金
- 社内外のコンサルタント、企業管理職《エグゼクティブ》コーチ、セラピストへの報酬
- 健康保険の費用

クソ野郎に牛耳られた組織の弊害

- システムの改善ができなくなる
- 革新性や創造性の低下
- 協調性や団結力の低下
- 〝任意〟の努力の低下
- 協力関係の麻痺
- 被害者が組織に対しておこなう報復被害
- 外部の組織や関係者からの協力が得にくくなる

- 外部からの高額請求――クソ野郎と働く〝慰謝料〟
- 優秀な人材を確保できなくなる

第3章

いかにルールを施行し、順守させ、維持しつづけるか

「クソ野郎撲滅法」を実施している組織のなかには、ほかよりも熱心に取り組んでいるところがある。たいていの職場で、真のクソ野郎は大目に見られているが、しかしそれにも限度がある。人は単なる嫌なやつになっても処罰は免れるし、結果として名声や金を手に入れることまであるかもしれない。ルールが適用されても、それは極端なクソ野郎に対してだけで、そういうやからは罰を受け、再教育され、それでも効果がなければようやく追放される。普通の人と極端なクソ野郎の見えざる境界線は、社内の気風や習慣によって異なる。組織に大損害をもたらしたり、同僚を狂気の淵に追いやったり、人事部を大混乱させたり、組織を法的な危機にさらしたりすれば、おそらく〝超〟がつくクソ野郎の称号を与えられるだろう。だが、単なる嫌なやつ軍団は無罪放免のままだ。

この低い基準は、前章で例に挙げたイーサンにも当てはまるだろう。そもそも上層部にこの厄介な営業のスターを首にするつもりはなかったのだが、あまりのひどさにようやく損害を数値化し、彼の給料から差し引くことに決めたのだ。ただし、会社のほかの身勝手な連中に対してはなんの対策も講じていない。一方で、スポーツチームのような、一見傲慢なキャラクターを称えているように見える組織でも、スター選手やコーチの行為が限度を越えれば、罰則や追放の憂き目にあう。

インディアナ大学の伝説的なバスケットボールの指導者、ボブ・ナイトに起こったことを見てみよう。大学の学長であるマイルズ・ブランドがナイトを首にしたのは二〇〇〇年九月、ケント・ハーベイという生徒が構内ですれ違いざまに「やあナイト、調子はどう?」と呼びかけたあとのことだ。生徒によると、ナイトは乱暴に彼の腕をつかみ、この生徒の無礼なふるまいを激しく非難したという。ナイトは生徒の誇張だと反論したが、ブランド学長は「常習化した許容しがたい行動」によってナイトを解雇したと発表し、ナイトを「傲慢で敵意のある人物」と称し、この指導者は大学の指導方針からはずれた「勝手な行為」ばかりしていたと非難した。大学側は長いあいだ、ナイトの行きすぎた行動を見逃してきた。一九九七年の練習中に選手の首を絞めて非難されたときでさえ、ナイトを解雇しなかった（この行為は粒子の粗い動画に収められており、二〇〇〇年三月に『CNNスポーツ・イラストレイテッド』で放映された）。だがここへきてようやく、ナイトの癇癪でインディアナ大学の評判が傷つくことに辟易し、彼を追放したのだった。

二〇〇五年には、フットボールチーム、フィラデルフィア・イーグルスのテレル・オーウェンズが、その冷酷で傲慢な態度と、チームメイトに対する暴言や自制できなかった怒りに対するツケを払うことになった（二〇〇五年のスーパーボウルでの敗戦に際して、〝退屈な〟クォーターバック、ドノバン・マクナブを公然と非難。またチームの役員、ヒュー・ダグラスとの喧嘩も報告されている）。二〇〇五年後半、イーグルスの経営陣はついにオーウェンズを「チームに害を与えた」かどで謹慎処分とし、今後も復帰を望まないことを明言した。オーウェンズは、チームメイトから〝軽視〟されたことにいら立っていたからだと釈明した。

ナイトやオーウェンズのような人物がこれほど長きにわたって逃げおおせたのは、少なくともアメリカでは、「勝利がすべてではない。それが唯一なのだ」「二番になることは最初の敗者になることだ」などの言葉が広く受け入れられているからだろう。実際にナイトは、ほどなくテキサス工科大学でバスケットボールのコーチに就任しているし、オーウェンズも一説によると、五〇〇万ドルの契約金を含む二五〇〇万ドルでダラス・カウボーイズと契約したと言われている。投資家であり企業の役員でもある人物によれば、アメリカのスポーツ、ビジネス、医療、アカデミック業界には、「そいつが正しければ正しいほど、そして勝てば勝つほど、ますます嫌なやつになっていく」という不文律があるらしい。もっとも、たいていの場所では、悪行や癇癪は欠点とみなされ、クソ野郎になっても不都合なだけだ。それでも、才能があったり、頭が切れたり、かわりの利かない人材だったり、ほかの人よりも普段からいい成績を出していたりすると、見逃されることも多いという。「ずば抜けた才能」は、見逃しも過保護もすべてを正当化し、どうしようもない低劣な野郎どもを持ち上げる。どうやら私たちの社会基準はこういうことらしい。大成功を収めれば、とんでもないクソ野郎になっても逃げおおせるのだ。

とはいえ、そうとばかりは言えない。私の知る非常に優秀な組織のいくつかは、普通レベルの最低野郎さえも拒絶し、罰し、追い出し、断じて我慢したりはしない。グーグルの事業運営部の副社長、ショナ・ブラウンは次のように述べている。「グーグル社は、クソッタレのふるまいが仕事を滞らせるような環境をつくり出すことによって、『悪に染まらない』というモットーを遂行している」

ショナが私に語ったところによれば、たしかにグーグルにもクソ野郎の定義に当てはまる者はいるらしい。だが、会社は雇用の際にそうしたやからをふるいにかけるし、卑劣漢は業績の評価で伸び悩み、管理職に就くことはないそうだ。また、私が言うところの〝超〟がつくクソ野郎（彼女はもう少し穏便な言い方をしたが、要はそういうことだ）を見逃すこともいっさいないという。

なかには、さらに踏み込んだ会社もある。長らくサウスウエスト航空の人材部門を率いてきたアン・ローズは、ジェットブルー航空で人事部を立ち上げた人物だ。アンは私に両方の会社について語ってくれたが、いずれの会社でも真のクソ野郎になるのは単に非効率なだけでなく、そういう連中は逃げきることも無理だという。「卑劣漢に隠れる場所はない」からだ。ジェットブルーが設立されて一年目、アンが従業員を解雇したおもな理由は「社風になじめないこと」、とくに同僚や乗客、会社にひどい態度をとることだったという。サウスウエストでは常に「態度によって雇用と解雇が決まる」と強く言われている。サウスウエスト航空の共同創立者で元ＣＥＯのハーブ・ケレハーは、そのやり方をこう説明している。「パイロット志願者のひとりが、われわれの受付係に対して非常に無礼な態度をとった。だから即刻失格にした。人をあんなふうに扱うべきではないし、そんな人物はこちらの求めるリーダーにはなりえない」。そしてアンも同様に「私たちは仲間に対してそんなことはしません。彼らはよくやってくれている。わが社の社員はいじめに甘んじる必要はありません」と述べている。

熱心に、そして効果的にクソ野郎撲滅法に取り組んでいる職場では「従業員の仕事ぶり」と「他人への態度」は別物ではない。「才能豊かな最低野郎」「優秀なクズ野郎」「クソ野郎とスーパースター」といったフレーズは矛盾した語とみなされるし、一過性のクソ野郎も即座に処罰される。そして、彼ら自身もただちに自分の行動をふり返り（あるいはふり返るように言われ）、美化したり正当化したりすることなく、謝罪し、反省し、許しを請い、変わろうと努力する。真のクソ野郎が何度も見過ごされたり、許されたりすることはない。態度を改めるか、さもなければ追放される。私が働きたいと思う数々の職場では、たとえどれほど優れた技能を持っていようと、普段から他人に害をもたらすような人間は、無能だとみなされるのだ。

発言や行動を公にしよう

大半の組織、とくに大きな組織では、クソ野郎撲滅法の品のいいバージョンとも言える方針が文書化されている。その多くが広く知らしめることでメッセージを強調し（たいていはほかの企業理念を伴って）、新入社員の研修期間中に教え込む。上の者は常日頃から敬意を抱き合うことの美徳などを口にするし、なかにはこのルールをもっと分かりやすく用いる者もいる。

本書の冒頭で紹介した、ハーバード・ビジネス・レビュー誌で私のエッセイを読んだ読者のなかには、「これが自分たちのリーダーシップの中心になるものだ」と書いて送ってきた人たちがいる。とくに印象的だったのが、ミッション・リッジ・キャピタルのCEO、ロデリック・C・ヘールからのものだ。「仕事をはじめてからずっと、私は耳を傾けてくれる人全員にこう話してきました。私はたいていどんなタイプの人間とも働ける。ただしクソ野郎以外なら、と。実際に、その言葉をいつも使っていました。私は寛容と公平を信じていますが、これまで周囲に敬意を払おうとしない人間を許せなかったことについては、一瞬たりとも悩んだことはありません」

このルールを中心に据えている組織もいくつかある。法律関連のキャリア情報サイト、エンプロイヤーネット・ドットコムの調査によると、シカゴに本部をおくマクダーモット・ウィル＆エメリー国際法律事務所には、昔からクソ野郎撲滅法があって、「秘書にどなったり、互いに声を荒らげたりしてはいけない」そうだ。マクダーモットの広報の話では、これは公的な方針というよりも、むしろ内々のルールで、会社のパートナーたちが長年言いつづけてきたことだという。では、カリフォルニア州サンマテオに本社がある人材管理会社サクセスファクターズはどうだろう。ＣＥＯのラーズ・ダルガードは、会社がいちばん重視しているのは「クソ野郎にではなく、個人に敬意を払うこと。バカな連中がいてもかまわないが、そういう連中になってはいけない」と私に語ってくれたことがある。このルールは、「紛れもない通達で、すべての従業員はクソ野郎にならないという契約書にサインをする」。なぜなら「クソ野郎は仕事を滞らせる」からだ。

似たようなところで、いまはなきカナダの制作会社アップル・ボックス・プロダクションズは、次々とヒットＣＭを生み出していた一二年のあいだ、クソ野郎撲滅を仕事上での主要な指針に掲げていた。アップル・ボックスのエグゼクティブ・プロデューサー、J・J・ライオンズは業界誌に「社内でも社外でも、僕らはいい人たちに囲まれていたい」と語り、さらにこう続けた。「僕らには暗黙のルールというか、モットーみたいなものがあって、『クソ野郎撲滅法』っていうんだけど、仮にきみがクソなディレクターやプロデューサーだったら、僕らはきみと一緒には働きたくない」。その理由は?「人生は短いから」。まったく同感だ。

多くの組織は、このルールをもっと品のいい言葉で表現している。二〇〇六年、フォーチュン誌の選ぶ「働きがいのある会社ベスト一〇〇」の一二位にランクインしたプラント&モラン社の場合は「わが会計事務所が目指すのは〝嫌なやつゼロ〟の職場」で「従業員はこの〝黄金則〟に後押しされている」。バークレイズ・キャピタルの最高執行責任者リッチ・リッチは、ビジネスウィーク誌のなかで、「とくに管理職のあいだに『嫌なやつ撲滅法』がある」と語り、同誌は「同僚を疎んじるやり手社員は改善か退職を言い渡される」とその意味を説明している。そして半導体企業ザイリンクスいわく、「従業員は、たとえ互いに気に入らなくても、敬意を抱き、協力し合わなければならない」。

次に、米国トップの男性用スーツ販売店で、とりわけ印象的かつ具体的な哲学を持つメンズ・ウェアハウスの価値観をいくつか見ていこう。「誰もが平等に扱われる価値がある。リーダーに問題がある場合、報復をするのではなく、部下たちがリーダーにその旨を告げるか、上層部に掛け合うようわれわれは求めている」。また「傾向や製品の知識を持つことはもちろん大事だが、買い物中に顧客が居心地よく満足できるかどうかは別の話。やる気をもって顧客に真摯な対応をすることが店舗スタッフの必須条件である」。そしてクソ野郎撲滅法にぴったりなのがこれだろう。「誰かがほかの者をおとしめたら、地位に関係なくただちに対処する。そうすることで、わが社がすべての人を大切にしていることを示す」

　いずれの心意気も立派である。だが、掲示物やウェブサイト、言葉のうえでだけ示したのでは意味がないし、こうした価値観が普段から守られることなく、実行力が伴わなければ無意味どころか有害でさえある。ジェフ・フェファーと私は『変われる会社、変われない会社――知識と行動が矛盾する経営』（流通科学大学出版）を執筆中に、むなしい言葉についての教訓を学んだ。これは、ときに「おおっ」と思うようなことを言うだけで行動しないリーダーや会社が、蔓延した弊害をいかに克服するかを記した本だ。私たちはこの口先だけの言葉を「もっともらしい言葉の罠」と呼んでいる。たとえば、うちの学生が有名な証券会社の研究をおこなったところ、その会社には上層部が常日頃から口にしている、三つの大切なものがあって、あらゆる場所に掲示されていた。いわく、「個人、チームワーク、誠実さを大切にすること」。

　だがふたを開ければ、この会社は若い社員を侮蔑を込めて「分析者」と呼び、それが長きにわたって会社に損失を及ぼしていた。この会社の「分析者」たちは、トップクラスの大学に通う優秀な学生で、学校に戻ってＭＢＡの資格を取得する前に、数年間この会社で経験を積んでいる。不遇や猜疑心、押しつけられた退屈な仕事のせいで、たとえ幹部が高い復職率を求めていても、ＭＢＡの学位を修めた「分析者」たちがここに戻ってくるケースは恐ろしいほどに少ない。さらに最悪なのは、元分析者たちが後輩にこのひどい経験を伝えることで、同社は新入社員の確保に苦労し、さらなる努力とコストが必要になっている。調査をおこなった生徒たちはこう締めくくっている。「言葉が行動に取って代わっているようだ」

敬意をもって人に接するといくら明言したところで、その反対の行動を許容しているなら、それは役に立たないどころか有害である。暴走した低劣野郎が害を及ぼすだけでなく、組織やリーダーたちは偽善者とみなされ、冷笑や侮蔑を煽ることになる。二〇〇五年にセントピーターズバーグ・タイムズ紙に掲載された、ホランド&ナイトに関する記事を見てみよう。一三〇〇名の弁護士が在籍するこの法律事務所は、かねてから「嫌なやつ撲滅法」の実施を売りにしていた。記事によると、経営パートナーのハウウェル・Ｗ・メルトン・ジュニアが、内部委員会の勧告を拒否したことで、騒ぎが持ち上がったという。勧告の内容は、会社のセクハラ規定に違反した（タンパ・オフィスの）パートナー、ダグラス・Ａ・ライトに厳罰を下すようにというものだった。だがメルトンはライトの処罰を叱責ですませ、しかも数カ月後、ライトを会社で三番目に高い地位に昇進させた。

この組織は「自己中心的で、傲慢で、無礼な弁護士を排除することを優先し」、彼らが言うところの「嫌なやつ撲滅法」を掲げておきながら、ライトを出世させたのだ。しかもタンパ・オフィスの九名の女性弁護士がライトをセクハラで訴えていたにもかかわらず、だ。さらにデイリー・ビジネス・レビュー紙によると、「ライトは昨夏にも内々で叱責を受けており、オフィスの女性に向かって自分の〝パイプ〟や力こぶを触りたいかなどと言わないように命じられていた。加えて、彼女たちに服装や性生活についての話をしないこと、不満を述べた女性たちに対する仕返しを慎むようにとも厳命されていた」という。

セントピーターズバーグ・タイムズ紙によると、メルトンがライトを昇進させたあと、シカゴのパートナー、チャールズ・D・ナイトの七ページにわたる社内メールがリークされたそうだ。ナイトはそのなかで、ホランド＆ナイトは「卑劣漢を排除することに失敗した」と悲嘆にくれ、「残念ながら、何人かのそういう人物がこの組織で高い地位にまで昇りつめているようだ」と不満を記している。もちろん、私たちは内部関係者ではないし、新聞の報道を読んだだけなので、こうした〝事実〟はいくらか差し引いて受け止めたほうがいいだろう。だが、このリークは独善ではないらしい。というのも、ホランド＆ナイトのもうひとりのパートナー、マーク・スタングがセントピーターズバーグ・タイムズ紙に手紙を送り、「わがタンパ・オフィスの勇敢な女性」に謝罪し、彼女たちへの対応に「虫唾が走る」と述べているからだ。

当初、ホランド&ナイト法律事務所はリークを非難し、「わが組織の優秀なパートナーの評判を軽率かつ不当に非難する」ものだと反論した。ライト自身も記者会見のなかで、「オフィス内の人間に対するセクハラ行為を明確に否定する」と述べている。さらにライトは、自分の〝パイプ〟を触る云々のくだりは男女問わず言ったもので、「私はみんなを平等に扱っている」と主張した。やがてセントピーターズバーグ・タイムズ紙にライトの不利な記事が出ると、ライトは管理職を退いたが、パートナーの地位は保ったままだった。ホランド&ナイトで実際に何があったかはさておき、無礼な弁護士を追い出すという会社の公約は世間の反感を買い、組織のパートナーたちの少なくとも何人かは「嫌なやつ撲滅法」が絵空事だとみなされたことに激怒した。

これとは対照的に、サウスウエスト航空会社は卑劣漢だけでなく、職場に合わない冷淡で粗野な人間さえも断じて見逃さない姿勢を示すことで、世間や従業員からの好感を勝ち取っている。同社は、同僚や乗客に対して、あからさまに敵意をむき出しにしている人物だけでなく、冷たく愛想の悪い従業員をふるいにかけることにも力を注いでいる。アン・ローズは、サウスウエストの社員で、そこまで卑劣ではないが、周囲に冷たく短気だというマネジャーの話をしてくれた。彼はアンにこう打ち明けたという。「自分がここでやっていけるかどうか分かりません。僕は同僚と仕事がしたいのであって、友だちになりたいわけではありません」。そのマネジャーは、アンに能力を買われてスカウトされた人物だった。だがこのとき、彼がこの会社には合わないと思ったアンは、ほかへ行ったほうがいいのではないかと提案した――するとその数カ月後、彼はサウスウエストを辞め、別の航空会社へと移っていった。

雇用と解雇の基準にクソ野郎撲滅法を織り込む

サウスウエスト航空とジェットブルー航空から得た教訓は、「クソ野郎撲滅法」は雇用と解雇の基準に織り込まれるべきだということだ。たとえば、シアトルの法律事務所、パーキンス・クイは、「嫌なやつ撲滅法」を採用し、そのルールに基づいて行動しているが、おかげで二〇〇六年、フォーチュン誌の選ぶ「働きがいのある会社ベスト一〇〇」に四年連続で選出されている。この組織が面接の際にこのルールをどう用いているかを見てみよう。パーキンス・クイのパートナー、ボブ・ジャイルズとマイク・レインバーンは、以前、別の会社からトップ弁護士を引き抜きたいという誘惑にかられたが、それがルールに反することに気がついた。彼らが言うには、「私たちは顔を見合わせて『あいつ、最低だったな』と口をそろえた。まあ、本当は違う言葉を使ったのだけれど」。実際に口にした言葉はやはり「クソ野郎」だったとレインバーンは言う。

世界屈指のデザイン・コンサルタント会社アイディオもまた、卑劣漢や傲慢な人物を積極的にふるいにかけている。新入社員の多くは、この会社でインターンとして働き、自分がクソ野郎でないことを現場で証明してからでないと入社を許されない。そしてアイディオで働いた経験がない者については、時間をかけてその資質を見極めていく。同社のディエゴ・ロドリゲスはこう説明する。

1 信頼できる相手の評価を大切にする。また、わが社のスタッフには大学で講義をおこなって就活生の学校での様子——とくにプレッシャーのかかる状況下でチームとしてどれだけ迅速で良質な仕事ができるか——を見極めることを奨励する。一方的に送られてきた履歴書が悪いというわけではなく、実際の評価にこそ価値がある!

2 仕事の技量はなるべく事前に調査しておき、面接ではその人物の人間性（あるいは欠点）の評価に着目する。

3 面接時に候補者は、おそらく他の企業で〝妥当〟とされる人数よりも、ずっと多くの人と話をすることになる。社員と一緒に食事をし、社内を歩き、会話をし、質問に答え、疑問を投げかけ、デザインの仕事に参加する。これらはすべて気持ちの〝一致〟を生み出す作業である。

4　面接の際、候補者たちは全員、地位が高い者、低い者、同等の者と話をする。さらには専門の仕事とは直接関係ない人たちとも接する。その結果、採用となれば、候補者は特定の上司（ちなみにクソ野郎かもしれないし、そうでないかもしれない）だけでなく、会社全体に求められたと感じることができる。またこのやり方なら、特定の場所でクソ野郎が増殖するのを防ぐこともできる。彼らは一カ所に固まる傾向があり、一度固まると引き離すのは容易でない。

ディエゴの最後の指摘は重要だ。仕事の面接と雇用についての研究では、面接官は自分好みの候補者を選ぶ傾向があるとされている。ハーバード・ビジネス・スクールのロザベス・モス・カーター教授は、これを「ホモソーシャル・リプロダクション（社会的相互作用の複製）」と呼び、大半の組織は雇用の過程で（無意識のうちに）「似た者を集める」という。つまり、クソ野郎は多くのクソ野郎を生み出すというわけだ。管理職の人間は雇用の過程でみずからを再生産する傾向があり、だからディエゴの指摘どおり、すぐにでも組織がクソ野郎に支配されてしまう可能性がある。そして他のグループとの衝突が勃発し、最悪の場合、力を持った最低野郎が毒をまき散らすことになる。アイディオは、雇用の決定を幅広い集団の手に委ねることでこうした傾向に立ち向かい、成功を収めている。実際この会社は、クソ野郎の割合が極めて少ないそうだ。

ほとんどの企業にとって、たとえ卑劣漢でも大きな利益をもたらしてくれそうな者なら雇いたい、という誘惑にはあらがえないものだ。とくに経営陣にとっては、すでに大きな利益を生み出している社員を追い出すのは難しい。メンズ・ウェアハウス社は、口先だけでなく具体的な形でそのやり方を示している。ＣＥＯのジョージ・ジマーをはじめとする役員は、実際の行動で「互いに敬意を抱き、チームで売るという環境を生み出し、顧客一人ひとりを喜ばせ、店舗全体の成功に貢献できるように仲間を扱うことの重要性」を示しているし、会社自体も、「優れた個人の業績は、それを支える仲間のおかげである。だからこそわれわれは、雇用、異動、昇進を決断する際に、チームの化学反応を注視する」といったウェブ上の声明以上のことを成し遂げている。

では、その具体例を見ていこう。（売り上げの観点から見て）社内で優秀な店員のひとりが、どれほど話し合いを重ね、警告を受けても、最後まで自分の業績が仲間や店のおかげだとは認めなかったため、ついに解雇されることになった。この店員は、同僚から顧客を〝盗み〟、社風を汚したあげく、同僚の接客を手伝うことに真っ向から刃向かっていた。この社員を首にするという決断は、メンズ・ウェアハウスが、「社員同士が互いをどう扱うべきか」という会社の理念に真剣に取り組んでいることを証明した。また、自己中心的で気難しい〝やり手〟社員を首にしたことで、この店舗の利益はトータルで三〇パーセント近く伸びた。追放されたその社員ほど売り上げを出した者こそいなかったが、店全体の売り上げが伸びたことを考えると、この卑劣漢によって引き起こされた競争力の低下と顧客が味わった不快な経験は、全員に不利益をもたらしていたと言えそうだ。

壊れた社風を分析するにあたって、私は、上層部が組織からこうした不愉快な人材を一掃する別の事例を発見した。フォーチュン誌が選ぶ「長者番付五〇〇」にランクインした企業のある幹部が私に語ってくれた話だ。一九九〇年代初頭にこの会社に就任した新たなCEOは、二五名ほどの卑劣な幹部を一掃するキャンペーンをただちに立ち上げた。このCEOが「悪名高いクソ野郎」を排除しようと決心したのは、彼らが会社を「働きがいのない、顧客に不愛想」な職場にしてしまう「恐怖の社風」を生み出していたからだ。幹部が言うには、「まるで『クソ野郎の指名手配ポスター』をつくって、そこに二五名の写真をのせたも同然だった」。CEOは「本当は連中を一列に並ばせてその場で銃殺したかった」のだが、彼は査定システムを武器に〝暗殺リスト〟に挙げられた社員を二年かけて着実に消去していった。この粛清は、「従業員と顧客双方にとって、ビジネスに人間性を吹き込む」文化的変革の礎となり、「新しいことに取り組むのが怖いというような、ほかの多くの習慣」を壊すのにもひと役買ったという。この会社の名前を明かすことはできないが、ごく普通の企業だったその会社は、ここ一〇年で業界随一の企業に成長した。

ひとりであれ、二五人であれ、救いようのない卑劣漢がようやく会社から去ってくれると、心底ほっとするものだ。こうした不愉快な連中を追い出したときの経験についてアン・ローズに尋ねたところ、航空会社、銀行、ホテルをはじめ、これまで働いてきたどんな職場でも、そのあとで似たようなことが起こるのだと教えてくれた。まず、こうした決断はたいてい非常に難しく、白熱した議論を呼ぶが、いざ決断を下してみるとその結果は目覚ましく、「みんな『どうしてもっと早くやらなかったのだろう?』と言うんです。すぐにやるべきだったのに、と」。また、辞めようと思っていた社員が思いとどまり、新入社員の勧誘もしやすくなるとアンは補足した。それから、メンズ・ウェアハウスの例が示したように、「彼らを失ったら損をする」と思われていた卑劣漢たちも、実はそれほど価値はなく、別の従業員で十分補えると主張した。さらには、卑劣漢の後釜に据えられた人物は優位な地位を確保できる。というのも、普通にいい人であれば、昔の邪悪な暴君に代わって就任したというだけで部下たちはひたすら喜んでくれるからだ。

クソ野郎撲滅法を顧客やクライアントに適用する

クソ野郎撲滅法に真剣に取り組んでいる組織は、従業員だけでなく、顧客、クライアント、学生、そのほか仕事で遭遇するすべての人々にこのルールを適用している。なぜなら、従業員はいじめにさらされるべきではないし、顧客（あるいは納税者）は卑劣漢に対して気前よくお金を支払ったりしないいし、慢性的な嫌がらせが放置されれば、触れたもの全員に感染して侮辱的な文化が生まれてしまうからだ。現在、四三の国々で五五〇以上の店舗を展開するゴールドジムの創始者、故ジョー・ゴールドはこのルールを利用客にも適用した。しごく明快に。「ルールはシンプル。自分の家のようにジムを利用すること。いつもきれいに整理整頓しておくこと。厄介者はおことわり。会費をきちんと払うこと。文句を言うやつは放り出す」。ゴールドジムは、カリフォルニア州ベニスビーチにある〝マッスルビーチ〟から一ブロック離れた場所に一号店をオープンしたときからこのルールを掲げている。ちなみに初期の利用客のなかには、ボディビル大会でミスター・オリンピアに七度輝いたアーノルド・シュワルツェネッガーもいた。

ジェットブルー航空とサウスウエスト航空は、ゴールドジムより地味ではあるが、似たようなルールを乗客に適用している。サウスウエスト航空の元人事副部長、リビー・サーテインは次のように説明する。「顧客管理課は、われわれの従業員に対して無礼を働いた乗客、あるいは苦情に問題がある乗客に手紙を送り、この先サウスウエストを利用しないでほしい旨を伝えることがあります」。この会社のリーダーは目に見える行動でその言葉を裏づけている。アン・ローズらサウスウエストの重役は、出張中にサウスウエストのチェックインカウンターで乗客がスタッフを叱りつけている場面に出くわした。スタッフを罵倒し、大声でわめき、威圧するように前のめりになっていたのだ。アンの同僚はカウンターに歩み寄ると、この無礼な乗客に向かって、「あなたがほかの航空会社を使ってくれればみんながハッピーだし、そもそもサウスウエストの社員がこんな扱いを受けるいわれはない」と告げた。。それからその〝激怒したバカ〟を他の航空会社のカウンターへ連れていき、チケットを買ってやったという。

犯罪者や市民への警察官の対処の仕方の研究は、このルールに妙味を加えている。マサチューセッツ工科大学のジョン・ヴァン・マーネン教授は、大都市で働く警察官の人類学的調査に一年以上かけて取り組んだ。彼は警察学校に参加し、警官の仕事を間近で見ながら数カ月を過ごした。『(The) Asshole』(この七文字を使った非常に珍しい学術論文)のなかで教授は次のように報告している。警官たちは早い段階ですべての犯罪行為を防ぐのは不可能だと気づくため、とりわけタチが悪く、暴力的で、不品行な犯罪を阻止することに神経を注ぐのだ、と。ベテラン警官がヴァン・マーネンに語ったところによれば、「われわれの仕事はつまるところ、最低野郎どもに街を乗っ取られないようにすることだ。そういうクズは、何がなんでも街を引っ掻きまわそうとする。パトロール中に取り締まるのはそういう連中だ。まともな市民につらい思いをさせるのはそういうやつらだ。われわれは仕事時間の大半を費やして取り締まるが、それでもやつらを制御するのが精いっぱいだ」

また、ヴァン・マーネン教授の調査によると、市民が怒りをぶちまけたり無礼な行為をしたりすると、その人物は警官から「クソ野郎」のレッテルを貼られても仕方がないとみなされる。そのため、違反切符やきつめのお灸、さらには（非合法だが）少々手荒いペナルティーまで、状況に応じて罰が与えられるのだという。警官の語った次のたとえ話は、いかにして市民がクソ野郎のレッテルを貼られるかを物語っている。

警察官　「免許証を見せてもらえますか？」
速度違反者　「どうして本物の犯罪者を追わないで俺なんかを捕まえるんだ？」
警察官　「それはおまえがクソッタレだからだ。まあ、その口を開くまでは分からなかったが」

ゴールドジムやサウスウエスト航空、ジェットブルー航空、警察署――。これらの組織はまったく異なる利用者を相手にしている。それでも、組織内に軽視や侮辱が広まるのを阻止し、街で最悪の事態が起こるのを防いでいることを考えれば、クソ野郎撲滅法はいずれの組織にも有効なのだ。

地位と権力――諸悪の根源

大半の組織のリーダーたちは他の従業員よりも給料がいいだけでなく、常に敬意を払われ、お世辞を言われている。何百もの調査を含むさまざまな研究が示しているとおり、人は権力の座に就くとよくしゃべるようになり、自分の欲しいものを手に入れ、他人の言葉や要望をないがしろにし、自分の言動に対する下の者の反応を無視し、無礼になり、自分の欲求を満たす手段として状況や人を扱うようになる。要するに、権力の座に就いたことで卑劣なふるまいをしているのだと気づかなくなる。

スタンフォード大学の同僚、デボラ・グルーアンフェルドは、「人が下の者に対して権力を行使できる地位に就くとどうなるか」を長年にわたり研究している。権力が人を壊し、〝下々の者のため〟のルールを超越したかのようにふるまうことはよく知られている。しかしグルーアンフェルドによると、ごくささやかな権力であっても、驚くほど人々の思考や行動を――たいてい悪いほうに――急速に変えてしまうという。ある実験で、三人ひと組にした学生に社会問題（中絶や大気汚染など）について長時間議論させ、そのうちのひとりに、ほかの二人が出した意見を評価する権限を与えた。三〇分後、実験者がクッキー五枚をお皿にのせて持っていくと、〝権力〟のある学生が二枚目のクッキーに手を伸ばす確率が高かった。しかも大口を開けて、クッキーの食べかすを顔やテーブルにまき散らしながら。

この結果を知って、私は怖くなった。こんなちっぽけな権力を手にしただけでも、人はうまい汁を吸い、下品な豚のようにふるまってしまうのだ。考えてもみてほしい。もしもこうした機会が毎年何千回と与えられる立場になったら？　そんなことになれば、給料が多いどころではなく、最高級ホテルのスイートルームに、高級レストランでの食事、エコノミークラスの部下を尻目にファーストクラスでの移動など、やりたい放題になるだろう。しかも、本当にそれだけの役得に値するのかを尋ねてくる者はまずいない。仮に部下が不満を言ったとしても、「恩知らずなやからは自分が何を言っているのか分かっていない」と即座に進言してくれる副官に守られている。

私は数年前、そうした下劣なふるまいを受けたことがある。ある金持ち会社のＣＥＯとランチをしたときのことで、相手は有名なビジネス誌で優れた起業家のひとりに選出されたばかりだった。その男は、私たち四、五人の教授仲間（全員五〇歳以上のプロフェッショナル）を世間知らずの、いや無知な子どものように扱った。招待したこちらの意向を無視してみんなの座席を指定し、会話を仕切り（何度か私たちの話をさえぎってはもう十分だとか、そんな話はどうでもいいなどと言った）、私たちが注文した料理にケチをつけ、終始ご主人様か司令官のように、そして私たちの仕事は「自分の気まぐれをもれなく満足させるよう努めることだ」と言わんばかりにふるまった。

とくに印象的だったのは、先の権力についての研究が示したように、彼は、自分が同席者たちに不快な思いをさせていて、私たちが腹を立てていることにまったく気づいてないように見えたことだった。彼は驚くほどあからさまに、私たちから役立つ情報を搾り取ろうとしていた。そして誰も褒めることなく、自分の実績ばかりを誇示しつづけた。こうした行為は、権力者が他人をみずからの道具とみなし、自分の功績や組織の実績を過大に評価するという調査結果と一致する。私たちは全員、この怪物に圧迫感とわずらわしさを覚えたが、それでも不平をぶつけたりはせず、ましてや堂々と食ってかかったりはしなかった。メンバーのひとりが何度か感情的になりかけたものの、ぐっとこらえるだけの分別を発動し、早々に席を立った。

この昼食会で私たちが経験した数々の力学は、野生のヒヒの群れを想起させる。生物学者のロバート・サポルスキーとリサ・シェアは、一九七八年からケニアで野生のヒヒの群れを追っている。大半の食料を観光用のロッジで賄っていたある群れを、二人は「ごみ捨て場の群れ」と名づけた。だが一九八〇年代初頭、すべてのヒヒがごみ捨て場で食料をあさることを許されていたわけではない。群れのなかでも攻撃的で、地位の高いオスが、下位の者やメスたちにごみをあさらせなかったのだ。一九八三年から八六年のあいだに、ごみ捨て場の感染した肉が原因で、群れの成体のオスの四六パーセントが死んだ（最も力のある意地悪なオスたち）。別のヒヒの群れの研究でも同様だが、地位の高いオスたちは、たいてい同じ性質で、同等あるいは下位の者を追いまわし、ときにはメスに向けて乱暴を働くこともあった。

ところがこのオスたちが死ぬと、群れの新たな権力者の攻撃性は劇的に低下した。たとえ争うにしても、同等の地位の者を相手にするのが大半で、下位のオスを狙うのはごくまれ、メスを攻撃するオスは皆無となったのだ。また群れのメンバーは、以前よりも毛繕いをしたり、身を寄せ合ったりする時間が増え、ホルモンのサンプルでは最下位のオスのストレスが他の群れの下位層よりも低いことが示された。さらに興味深いのが、この状況は少なくとも一九九〇年代後半まで続き、発端となった〝優しい〟オスたちが死んだあともしばらく保たれたという。それだけでなく、別の群れで育った若いヒヒがこの「ごみ捨て場の群れ」に合流すると、彼らもまた、ほかの群れにいたときよりも攻撃性を低下させた。サポルスキーによれば、「伝達のメカニズムは分からないが……新たなオスたちは間違いなく学んでいる。同じ轍は踏むまい、と」。「ごみ捨て場の群れ」は、少なくともヒヒの基準で、私の言う「クソ野郎撲滅法」を発展させ、実行したのである。

ときにそういう誘惑にかられることもあるかもしれないが、私は組織のボスザルを排除すべきだと言っているわけではない。ヒヒの話が教えてくれるのは、哺乳類の集団における地位の社会的格差が是正され、あるいはそうした対策が講じられれば、地位の高いメンバーがバカげたふるまいをする可能性が低くなるということだ。人間のリーダーはこの教訓を肝に銘じ、意地の悪い、利己的で無神経な卑劣漢にならないよう留意すべきだ。世の中には、あらゆる誘惑を退け、社員の気持ちや、組織のあり方、自社の製品やサービスに対する顧客の本音をきちんと理解しているリーダーもいる。「ごみ捨て場の群れ」から学んだように、リーダーの行動で重要なのは、力の格差を助長するのではなく、(会社の内においても外においても) 格差を縮めるための有効な対策を継続的に講じることである。

収入は、力の格差を象徴する最たるもので、社内の収入格差を減らせば、業績、製品の質、研究成果の向上、野球チームなら対戦成績の向上など、多くのメリットを生むことが研究で明らかになっている。ところが、収入の格差を減らす動きは浸透していない。利点が多いことが示されているにもかかわらず、一般的な大手企業のCEOは従業員の五〇〇倍以上の給料をもらっているのだ。しかしこうした格差を縮めれば、CEOと従業員の双方に、「どちらもスーパースターでもなければ劣っているわけでもない」というメッセージが伝えられる。

ディスカウントストア、コストコの共同創設者兼CEOのジェームズ・D・シネガルの例を見てみよう。二〇〇三年の彼の年収は三五万ドルで、その額はいちばん稼いでいる時間給従業員のわずか一〇倍、通常の店舗マネジャーの二倍程度だった。しかもコストコは従業員の健康保険の九二・五パーセントを支払っている。その気になればシネガルはもっとうまい汁を吸うこともできたはずだが、収益の多かった年でも「われわれの設定した基準に達していないから」という理由でボーナスの受け取りを拒否し、しかもこの数年でシネガルは、持ち株をほんのわずかしか売却していない。コストコの報酬委員会でさえ、彼の収入が低いことを認めている。

シネガルの信条は、「自分が従業員を気にかけ、近くにいることで、サービスの向上と増益につながり、ひいては（自分のような株主を含めた）全員が幸せになる」というものだ。シネガルは自分と従業員の〝格差〟を縮めるために、ほかにもさまざまなことを実行している。そのひとつが、一年で何百というコストコの店舗にみずから足を運び、従業員に交じって働きながら、自分が彼らと顧客のためにできることを尋ねるというものだ。アナリストたちは、コストコの人件費の高さを疑問視しているが、コストコの売り上げ、収益、株価は軒並み上がりつづけている。従業員を公平に扱うことは、別の観点からも収益を生む。コストコの〝収縮率〟（従業員や客による万引き被害）は〇・二パーセントにも満たないのだ（ちなみに他のチェーンストアはこの一〇倍から一五倍の万引き被害に苦しんでいる）。シネガルがこうした姿勢を貫く理由は以下のとおりだ。「ＣＥＯはとにかくいつでも全員から見られている。こちらから送ったメッセージがいんちきだと思われたら、彼らはこう言うだろう。『あいつ何様のつもりだ？』とね」

シネガルは、自身と従業員との社会的距離を縮めることのできる稀有なＣＥＯと言えるだろう。アメリカやその他の西洋諸国は、いつでも勝者と負け犬のあいだに大きな格差を生み出している。だがクソ野郎を減らし、組織の業績を向上させたいのであれば、組織内の格差を減らすことこそ必要なのだ。これは何も従業員同士の地位的格差を撤廃すべきだというわけではない。かえの利かない人物や、高い技術力を持つ人物など、組織にとって他の従業員よりも重要な人材というのはたしかに存在するものだ。地位的格差は常に私たちにつきまとう。コストコのような職場であっても、やはりCEOのシネガルは組織のトップに変わりなく、駐車場の掃除人は最下層に近い。ジョージ・ジマーはメンズ・ウェアハウスのボスで、新入りの店員は下っ端だ。だが、クソ野郎の少ない職場で業績を上げている組織のリーダーたちの行動を見てほしい。彼らは「権力とパフォーマンスの矛盾」とでも呼ぶべきものを抱えている。序列をつけ、あるいはつけるべきだと理解しながら、それでも仲間との格差を減らすためにできることを全力でおこなっているのだ。

会話と対話に焦点を当てる

第1章で、アメリカ合衆国退役軍人省内の職場いじめについての調査を紹介した。実はあれは、従業員（一一の施設と七〇〇〇人以上の関係者）に対する精神的虐待や侵害を減らすことを目的とした大規模な組織改革の一部である。この取り組みのなかで、各施設に管理職と組合員からなる「行動部隊」を配置し、組織の悪しき慣習を改善するように促した。ただしその過程でチーム全員に、加害者、被害者双方の立場を疑似的に味わわせ、侵略行為の及ぼすダメージを知るとともに、各自の行動を顧みることを義務づけた。また、施設のリーダーたちは模範的なふるまいについてのコメントを求められた。すると各チームは、小さなことから改善しようと動きはじめた。たとえば、ある施設では、過去に大きな問題へと発展した、にらむ、さえぎる、他人を空気のように扱うなど、一見するとささいな問題に見える行動をなくす取り組みをはじめた。また別の施設では、「小さなかけら」と名づけた会を毎週金曜日に開催し、大きな問題に潜むささいな事柄について議論した。

この取り組みによって、残業、病欠、不満が減り、管轄する病院の患者の待ち時間まで短縮された。さらにいくつかの拠点では生産性が上昇する兆候も見られ、たとえば、ヒューストン墓地では、ひとりの労働者が棺を埋葬する数が九パーセント上昇した。つまり、人がついついやってしまいがちなささいなことに目を向けるのは、クソ野郎を管理するうえで驚くほど効果的だということだ。調査の前（二〇〇〇年一一月）とあと（二〇〇二年一一月）を比較すると、一一の施設で見られた六〇種類のいじめ（にらむ、罵る、無視する、卑猥なジェスチャーをする、どなる、肉体的な攻撃をする、癇癪を起こす、悪意ある噂を広める、性差別あるいは人種差別的な発言をするなど）が三二種類にまで減少したことが分かった。ヒューストン墓地では、従業員からの「攻撃的な行動に対する訴え」が三一パーセント減少したという。プロジェクトマネジャーのジェームズ・スカリンギの話によると、このほかにも職場改善のためのさまざまな取り組みが退役軍人省内で新たに生まれているという。

いじめを抑制するためにおこなわれた、このアメリカ史上最大規模とも言える取り組みから私が学んだことは、人々の思考や発言や行動のなかにある一見ささいな変化が、最終的に強力な影響力を持つということだ。スカリンギが私に語った言葉を借りれば、「こんなことで何かが変えられるのかと疑う者もいたが、結果はごらんのとおりだ」。

戦い方を教える

クソ野郎撲滅法を実践したからといって、会社が「衝突嫌いな腰抜け」にとっての楽園になるわけではない。優秀な組織、なかでも創造的な組織とは、従業員が戦い方を知っている組織である。世界最大手の半導体メーカー、インテル社は、全社員に「建設的な戦い方」を教えている。これは同社の優れた特色だ。卑劣漢が勝ったり、争いが個人に対する誹謗中傷になったりすると、悲劇が起こるのだと会社の講師陣は主張する。またそうなると、大きくて強い声だけが届き、視点の多様性が失われ、コミュニケーションが希薄になり、緊張が高まり、生産性が低下し、さらには卑劣漢に耐えられなくなった人間が会社を去るという弊害も生じるという。「必要以上の争いが起こるよりも最低なのは、まったく争いが起きないことだ」というのが、インテル社の持論である。だからこそ同社は、従業員に人や問題との前向きな向き合い方、証拠や論理の使い方、そして人ではなく問題に対処する方法を教えている。

ミシガン大学のカール・ワイクは「自分が正しいという前提で戦うこと。そして自分が間違っているという前提で耳を傾けること」と助言する。これはまさにインテル社が最初の講義から伝えようとしていることで、とくに上に立つ者同士の戦い方を通じて学ばせている。彼らは従業員たちに「いつ、どのようにして戦うか」を伝授する。インテル社のモットーは「まず反対してから対処しろ」だ。なぜなら、決定が下されたあとの心変わりやいさかいは、やる気と集中力を損ない、決断の根拠を曖昧にしてしまうため、中途半端な態度で仕事にのぞまざるをえなくなるからだ。また同社は、すべての情報が出そろうまで、議論を持ち越すことも教え込む。推測で議論をするのは時間の無駄だし、不確かな情報で態度を決めると、のちのち決定的な証拠に足をすくわれかねないからだ。

インテル社の取り組みは、ケロッグ経営大学院、ペンシルベニア大学ウォートン校、スタンフォード大学の一連の実地調査でも実証されている。調査によると、通常、破壊的な衝突は感情のもつれや個人的な憎しみが原因で生じるという。こうした争いをする集団は、クリエイティブな仕事であれ、一般的な仕事であれ、いずれも効率が悪く士気も低い。一方、衝突が建設的になるのは、人々が個人的な問題ではなく、ある考えをめぐって議論するときで、これは「タスク・コンフリクト」または「インテレクチュアル・コンフリクト」と呼ばれている。スタンフォード大学のキャスリーン・アイゼンハートらは、経営陣が「実際の情報に基づいて議論」をし、「複数の代替案を出して議論を充実させた」結果に建設的な衝突を見出している。こうした健全な議論は、一九七〇年代のパロアルト研究所で、パソコンやレーザー印刷など、のちのコンピューター革命につながる数々のテクノロジー開発に寄与したロバート・テイラー率いるチームでも見られた特色である。パロアルト研究所の黄金期について書かれたマイケル・ヒルツィックの著書『未来をつくった人々――ゼロックス・パロアルト研究所とコンピュータエイジの黎明』(毎日コミュニケーションズ)のなかで、テイラーのリーダーシップはこう評されている。「人の意見に異議を唱えてもいいが、けっして人格を否定してはいけない。テイラーは、発言者の業績や地位に関係なく、現状を打破する議論の際には、公平に意見が交わされるような環境を生み出そうと努力した」

ここで注意したいのが、こうした感動的な話や調査結果は、「何かをめぐってうまく人と議論するのがいかに難しいか」をぼかしてしまうことだ。私もいつも苦労させられる。

ジェフリー・フェファーは私の頼れる友人のひとりで、一緒に本や記事を執筆する機会も多い。私たちは「もめればもめるほど、いい作品になる」といつも言っているし、実際そう信じている。それでもやはり、ジェフリーに自分の考えを批判されると（そんなことは年に数百回とあるのだが）、毎回「このクソ野郎」と腹を立ててしまい、ひと呼吸おいて自分を落ち着かせてからでないと、彼の指摘に応えられないのだ。

スタンフォード大学のハッソ・プラットナーデザイン研究所の立ち上げチームの一員として働いているときにも、同じような緊張感を味わうことがある。そこでは、経験豊かなデザイナー、会社の経営者や重役、学生、そしてデザイン思考を広め、教育の場にもっと創造性を取り入れようと画策する私のような大学教授まで、多種多様な顔ぶれがそろっている。さらにはセラピストまでいて、打ち合わせの際に私たちの緊張をやわらげ、話しやすい環境を整えてくれている。私たちは目的を同じくし、互いに敬意を抱き、セラピストの助けまで借りているが、それでもさまざまな問題が起こってしまう。たとえば、自分では「建設的な衝突」だと思っていたものが、実は誰かの感情を傷つけていたりするのだ。

先日もこんな経験をした。同僚の教授が、私の授業に関してすばらしい提案をしてくれたのだが、私は素直にその提案を受け入れられず、それどころか、その教授に対して意地の悪いメールを書いてしまった。幸いにも送信する前に思いとどまり、外に出かけて頭を冷やし（ついでにおいしいワインを一杯飲んで）、その意見をじっくり考えてみたところ、結局は彼が正しいことが分かった。そして彼の提案（プレゼンの際に学生にもっと時間を与えてじっくり向き合ってはどうかというもの）に従うと、授業は大成功を収めた。別のときには、いさかいを恐れるあまり、言うべき批判を胸に押しとどめてしまったこともある。要するに私が言いたいのは、そのときどきによって、建設的か批判的かを見極めるのは困難だということだ。人生はややこしく厄介であり、その途上で誰もがミスを犯す。

数年前、二五名ほどのインテル社の役員たちと一緒に、経営のワークショップを開いたことがある。そのとき私は、建設的な衝突を推進するのはどんな感じかと尋ねてみた。彼らの答えはおおむね次のようなものだった。「建設的な衝突は、会社の業績を格段にアップさせるが、いつもうまくいくとは限らない。なかにはまずいいさかいに突き進むグループもいて、打ち合わせ中に個人攻撃をはじめたり、なんとなく嫌な空気が蔓延したりすることもあれば、逆に委縮して衝突を避けるようになるグループもいる」。インテル社の経営陣からの忠告は、退役軍人省の組織変革で学んだことと同じようなものだった。方針と訓練だけでは十分ではない。効果を発揮するためには、いま目の前で起こっていることに集中し、〝その瞬間〟の互いの立場を調整し、常にささいなことにも意識を向けなければならないのだ。

「クソ野郎」は必要か

人間の集団が〝変わり者〟にどう反応するか、という長きにわたる研究によると、クソ野郎が周囲にまったくいない環境よりも、ひとりか二人はいたほうがいいらしい。アリゾナ大学のロバート・チャルディーニによる一連の〝ポイ捨て〟研究は、ルールを守らないひとりによって、いかにほかの人がルールを守るようになるかを示している。ある実験で、チャルディーニの助手たちは、二つの〝状態〟を用意した。ひとつ目の状態では、小さな駐車場にチラシやキャンディの包み紙、たばこの吸い殻、紙コップなどを散乱させておく。そして二つ目の状態では、そのごみをひとつ残らず片づける。そのとき各車のワイパーに「交通安全週間。安全運転を」と書かれた大量のチラシを挟み込み、そのチラシを取らないとドライバーは前が見えないようにしておく。

ここで検証したかったのは、ドライバーがそのチラシをどうするか、ということだ。チラシをごみ箱に捨てにいくか、それとも地面に投げ捨てるのか。検証の結果、すでに散らかっている駐車場のほうがポイ捨ての確率が高いことが分かった。しかし、ここからが本題だ。実はドライバーの半数は、駐車場のエレベーターを降りてすぐのところで、研究者の扮する〝サクラ〟に遭遇し、彼らが真っ先にチラシを投げ捨てる場面を目撃していたのだ。このひとりの不作法者が与えた効果は、実に興味深いものだった。このルール違反者を見たドライバーが、きれいな駐車場にチラシをポイ捨てする確率は低く（六％対一四％）、逆に散らかっている駐車場でポイ捨てをする確率は高くなった（五四％対三二％）。

ここから得られる教訓は、誰もしないような場面で、（ポイ捨てはしないなどの）当たり前のルールを破る行為を見かけると、人はそのルールを守らなければならないという思いを強くするということだ。逆にみんながルールを破っているような場面では、破っても大丈夫、むしろ破って当たり前だと考えて、自分もルールを守らなくなる。またチャルディーニの別の調査では、通常、きれいな場所でのポイ捨ては少ないが、まったくごみがない場合よりも、ひとつだけ落ちているときのほうがよりポイ捨て行為が減ることが明らかになっている。これと同じ仕組みで、ひとりか二人が当たり前のルールを破ると、誰も破っていないときよりも、さらにルールを守ろうとする傾向が強くなる。それというのも、ひとつの悪行がみんなの善行をいっそう際立たせるからだ。

チャルディーニの発見は、社会規範の逸脱に関する調査結果とも一致している。その調査によれば、ひとりか二人の〝問題児〟がいると（しかもその人物が集団内で拒絶されたり罰せられたりすると）、周囲の人はいっそうルールを守ろうとする気持ちが強くなるという。つまり、ひとりか二人の最低野郎がいて、しかもその行動が褒められたものでなければ、その組織の同僚たちはクソ野郎撲滅法に対してもっと熱心に取り組むようになり、結果、文化的な職場が構築されるというわけだ。「象徴的なクソ野郎」は、ルールを破るとどうなるかを常にリマインドさせてくれる。

そんなやつを故意に雇っている職場があるかどうかは不明だが、たまたまそういうバカを何人か雇ってしまい、はからずもほかのスタッフの反面教師となったという職場で、私は何度か働いたことがある。組織がどれほど慎重に候補者をふるいにかけたとしても、もろもろの事情で嫌なやつになってしまう人はいるし、なかには自分のそういう部分をひた隠しにし、雇用後、もしくは昇進後に本性を現す者もいる。「どのみち必要分のクソ野郎は雇ってしまうのだから、雇用にあたっては『クソ野郎・ゼロ』を目指してのぞんだほうがいい」というのは、私がハーバード・ビジネス・レビュー誌のエッセイで述べたことだが、これに対してあるコンサルタントからこんな意見が寄せられた。「嫌なやつがそばにひとり必要だという意見には賛成ですが、そいつに居場所を与えてはいけません。（そういうやからは）絶対に昇進させてはならないのです」。まったくそのとおりだ。いずれにしても、ひとりか二人、そういう者が周囲にいると、彼らのおこないは間違っていると、誰もがはっきりさせておきたくなるものなのだ。

警告――すぐに決めつけないこと

数年前、アイディオ社の古株エンジニア、ピーター・マクドナルドと話をしていたときのことだ。そのとき彼は、同社にいる少々感じの悪い社員について話していた。アイディオ社のクソ野郎は非常に少ないのだが、新入社員のなかには、言いたいことをずけずけと言ったり、自分にも他人にも仕事に高い水準を求めたりするような人たちのことを、そういう連中と勘違いする者がいるという。しかしピーターが言うには、「一緒に働いていて、こいつクソ野郎かなと思っても、結局は違うことが多い。よくよく知れば、実は嫌なやつなんかじゃないって分かるんだ」。

ピーターのこの経験は、効果的にクソ野郎を管理するためのさまざまな教訓を含んでいる。第一に、一時の感情でその人物の評価を決めないこと。誰かれかまわずクソ野郎のレッテルを貼っていたら、レッテルの意味がなくなってしまう。第二に、真のクソ野郎の判定を下すときにはじっくり考えてからにすること。たまに嫌なことをされたり、感じ悪く思えたからといって、早々に決めつけてはいけない。ひどく不愛想に見えても、実は心の広い人はいるものだ。ちなみにそういう人物を、私は「黄金のハートを持つヤマアラシ」と呼んでいる。めったに笑わない者や、目を合わせない者、他人を見下しているように見える者がいると、どうしても嫌なやつだと思ってしまう。だがピーターが学んだように、とりあえず判断は保留にして、その人物の真の姿――別の場面で人とどう接しているか、とくに自分よりも下の者に対する態度はどうか――を見極めるべきだろう。第三に、いわゆる「嫌なやつ」の既成概念（こういうタイプの人間は、邪悪で怠惰で間抜けに違いないという根拠のない思い込み）を打ち破るために、協力が不可欠な目標に向かってともに従事すること。現在この方法は、民族や人種に対する先入観をなくす目的で用いられることが多いが、いわゆるクソ野郎と思われがちなタイプの人物や団体（弁護士など）にも応用できる。もちろん、こうしたテストにことごとく引っかかり、知れば知るほど、クソ野郎だという確信が深まっていく場合もある。いずれにしても、きちんとした証拠に基づいたうえで判断したほうがいいだろう。

まとめ――大きな方針と小さな思いやりでルールを実践する

クソ野郎を効果的に管理するには、組織的な大きなもの（哲学、方針、研修・正規雇用・解雇・報酬）と、個人的な小さな行動をリンクさせ、組織内で好循環させることが大切だ。

たとえば、大きな方針は、人々の態度によって雇用や解雇を決め、度し難い乗客を出入り禁止にしたサウスウエスト航空に見ることができる。同社はリーダーの小さな行動によって、その方針を証明し確固たるものにした。ハーブ・ケレハーが、受付係に対してひどい態度をとったパイロットを不採用にした一件も、アン・ローズが不愛想なマネジャーに別の仕事を紹介してやった一件も、同僚の役員が迷惑な客に別の航空会社のチケットを取ってやった一件もすべてこれに当てはまる。章の最後に、組織やリーダーたちがクソ野郎撲滅法を実行するためにとるべき一〇の項目をリストアップしておく。リストの内容を煎じつめれば、どれほど正しい方針を掲げてクソ野郎撲滅法を推し進めても、目の前の社員を正しく扱えなければ意味はないということになる。

クソ野郎撲滅法を実行するための10のステップ

1 **ルールを口に出し、書き出し、行動する。**ただし自分がルールに従えない、もしくは従うつもりがないときは、黙っているのが賢明だ。嘘をつくよりもマシである。偽善者呼ばわりされるのも、クソ野郎だらけの組織のリーダーだと思われるのも避けたほうがいい。

2 **クソ野郎はクソ野郎を雇う。**誰かを雇うときは、社内の卑劣漢にかかわらせてはいけない。どうしても無理なときは、なるべく多くの良識者を同席させ、「自分のような卑劣漢」を雇いたがるやからの決断を封じること。

3 クソ野郎はただちに排除する。 組織は真のクソ野郎をなかなか追い出さないが、いったん追い出してみると「なぜもっと早くやらなかったのだろう？」と思うのが常だ。

4 真のクソ野郎は無能な社員として扱え。 たとえ何かに秀でていたとしても、他人を害するようなやからは無能扱いされてしかるべきである。

5 権力はクソ野郎を増殖させる。 たとえ優しくて繊細そうな人物であっても、権力を与えるときには注意すること。ほんのささいな力を持っただけでも、とんでもないやからに変わることがある。

6 権力とパフォーマンスの矛盾を受け入れること。 組織に序列があることを受け入れ、そのうえで従業員同士の不必要な格差を減らすように努めること。そうすればクソ野郎が減り、パフォーマンスも向上するという調査結果が出ている。

7 方針やシステムだけでなく〝いま〟を管理すること。 クソ野郎を効果的に管理するには、小さなことを変えていくのが大切だ。そうすれば、おのずと大きな変化はついてくる。自分の行動を顧みて、他人の反応を観察し、いま自分の目の前にいる人とのあいだで何が起きているのかを見極めること。

8 建設的な衝突の模範を示し、教えること。 いつ争い、いつやめるべきかを社員が理解できる環境をつくり、より多くの情報を集め、他人の話に耳を傾け、（たとえ賛成が得られていなくても）とにかく実行するように教育をすること。何かをめぐって議論をするときは、カール・ワイクの助言を思い出してほしい。「自分が正しいという前提で戦うこと。そして自分が間違っているという前提で耳を傾けること」

9 クソ野郎をひとり採用すること。なぜなら、そういうやからが場を乱すと、ほかの人間はルールや規範をきちんと守ろうとするからだ。ひとりか二人の卑劣漢がいたほうが、クソ野郎撲滅法が徹底できる。こうした〝反面教師〟は、悪いおこないとは何かをリマインドさせてくれる。

10 最後に――大きな方針と小さな思いやりをリンクさせる。クソ野郎を効果的に管理するには、組織がおこなう大きな方針と、従業員同士が接する際の小さな行為をリンクさせ、組織内で好循環させることが大切だ。

ここでもうひとつだけ言っておきたいのは、組織がクソ野郎撲滅法を推進するうえでの真の試練は、物事がうまくいかなくなったときに訪れるということだ。次々に結果が出てはお金や名声が転がり込んでくるようなときに、感じよくふるまうのは簡単だ。前述したように、グーグル社が急成長を遂げた時期、同社は「悪に染まらない」というモットーに導かれていた。事業運営部の副社長ショナ・ブラウンの弁を一部借りれば、「グーグルでクソ野郎になるのは仕事のうえで得策ではない」ということだ。不必要な卑劣さは、ラリー・ペイジとセルゲイ・ブリンが同社を立ち上げた当初からグーグルではご法度だった。私はこの会社が成長を続け、避けがたい厳しい経済状況に陥ったときにも、この規律が守られることを願っている。残念ながら、なかには経済状況の悪化によってひどい会社になってしまうところもある。だが、そうなる必要はない。

ウィム・ロレンツ率いる半導体企業、ザイリンクスは、二〇〇一年に収益が五〇パーセント以上落ち込んだあとも、すばらしい職場環境を維持しつづけた。その理由のひとつは、ロレンツがすべての従業員に並々ならぬ敬意を払って接していたからだろう――誰とでも気軽に話をし、自身の事務所に招き入れ、従業員からの問い合わせには事実に基づいた情報を添えてすぐさま返信する。ある従業員はこう述べている。「質問があったら直接ＣＥＯに聞くように言われていたのですが、メールを送ると、いつも一両日中に返事がきました」。従業員に対するザイリンクス社の思いやりある対応（給与カットによる解雇の回避や、依願退職制度を含む）のおかげで、危機的状況のあいだ、従業員同士の結びつきは強くなり、同社の業績は二〇〇三年までに回復した。そしてさらに驚いたことに、経済危機が起こる前の二〇〇〇年、ザイリンクス社はフォーチュン誌の選ぶ「働きがいのある会社ベスト一〇〇」の二一位にランクインしていたのだが、二〇〇一年（最悪の経営危機が訪れていたとき）に六位へと順位を上げ、そして二〇〇二年には四位になっている。

従業員を侮辱ではなく敬意をもって遇することは、たとえそれで会社の危機を救えなくとも、ビジネスの道理にかなっている。所属する組織だけでなく、自分の人生についても、将来何が起こるか分からない。だが、他人と働いていればこの先も間違いなく、さまざまな交流をすることになるだろう。そして、そこがクソ野郎撲滅法を採用している職場なら、あなたの一瞬一瞬が、有意義で楽しいものになるに違いない。

第4章

「内なるクソ野郎」を押しとどめる方法

前章では、クソ野郎撲滅法をどう組織に取り入れればよいかを見てきた。ここではそのルールを自分に適用する――内なるクソ野郎がその醜い頭をもたげるのを押しとどめる――方法を見ていきたい。世の中には、どこにいても不快なふるまいをしてしまう人たちがいる。彼らは、さげすみの気持ちや怒りが抑えられず、このうえなく穏やかで、温かく、すてきな場所までも汚染してしまう。そういう人物には、おそらく専門家の治療や、投薬治療、アンガーマネジメント講座、瞑想、運動などが必要だろう。同僚や愛する人々、セラピスト、製薬会社などの助けで、症状に歯止めがかかることも多い。だが、私たちの大半は――根っからの善人で健全な心を持っている者でも――悪条件が重なるとイライラしてひどい人間になってしまうことがある。怒り、憎悪、恐怖といった感情は、驚くほど伝染しやすい。多くの組織に蔓延しているいじめに加えて、ほとんどの仕事にかかるプレッシャーのせいで、仕事中についかっとなり、意地悪なクズ野郎になってしまう瞬間というのは、どうしたってやってくる。

とはいえ、怒りを抑える方法はある。まずは、クソ野郎的ふるまいを伝染病とみなすことだ。侮蔑や怒りを一度開放してしまえば、森林火災のように燃え広がっていく。「情動感染」の研究者エレイン・ハットフィールドらによれば「人は会話中、相手の表情、声、姿勢、動き、道具的行動に同調して、無意識のうちにまねる傾向がある」という。つまりあなたが侮蔑を示せば、他の者（標的だけでなく見ている者）も同じように反応し、その結果、周囲の者を自分と同じような意地悪怪獣にするという悪循環を引き起こしてしまうのだ。

リー・トンプソンとキャメロン・アンダーソンがおこなった実験で、「超攻撃的で意地の悪い典型的ないじめっ子タイプ」のリーダーが率いる集団に加わった人は、たとえどれほど思いやり深い人であっても、「一時的にボス犬のコピーのようになってしまう」ことが分かっている。悪意が上司からもうつる伝染病であるという証拠は、研究室の実験だけにとどまらない。ミシェル・ダフィー博士は、一七七名の病院職員を対象に、他人を平気でおとしめるような、倫理観の欠如した上司が周囲に与える影響を調査した。その結果、調査開始から六カ月後には、卑劣な上司の下で働いている者は、同じく卑劣漢になる確率が高いことが分かった。ダフィー博士がニューヨーク・タイムズ紙に述べたところによると、「こうした倫理観の欠如は病原菌のように広まる」という。また、人が他人から不快な表現（にらむ、顔をしかめるなど）をされると、（たとえ、された本人に自覚がなくとも）不機嫌になったり、怒りやすくなったりすることも分かっている。つまり、周囲に機嫌の悪そうな人がいれば、自分の機嫌も悪くなるということだ。ハットフィールドらは、情動感染の調査をこんなアラビアのことわざで締めくくっている。「悪いやつとかかわれば、賢人もバカになる」

クソッタレの群れは、さながら〝思いやりバキューム〟のように、周囲のぬくもりや優しさを吸い取っては、冷酷さと悪意をまき散らす。こうした危険性は、故ビル・レイジャーが私に語ってくれた聡明な助言に見ることができる。彼は成功した企業家で、引退後二〇年にわたってスタンフォード大学でビジネスと企業家精神について教えていた。ビルが言うには、どこかで働きはじめるときは、相手の実績いかんにかかわらず、そこで働いている人をよく観察することが大切だという。そしてビルは次のようにも警告する。「これから一緒に働く同僚が自分勝手で嫌なやつだったら、そういう連中をいい人間に変えられる可能性はほとんどないし、たとえ小さな会社であっても、よい職場をつくっていけるチャンスは皆無に等しい。クソ野郎だらけの職場に入れば、自分自身も同じ病気に感染してしまう確率が高いのだ」と。

残念ながら私がこの教訓を学んだのは、「経営の神さま」と呼ばれる人物が率いる、ある組織に参加したあとだった。それはシリコンバレーがインターネット・バブルに沸いていた時期のことで、傲慢さと利己心が渦巻き、いま金持ちになれなければボンクラだと思われていたころのことだ。経営戦略のサイト立ち上げについて話し合うために、私たちは日曜ごとに集まっていた。会合には七、八名が参加していたのだが、そのなかに態度の悪いやつが四人いた。「経営の神さま」と、経営の専門家二人、そして私である。私たち四人は、互いにボスザルの地位を獲得しようと張り合っていた。発言するのも私たちばかりで、会合のあいだ女性や若い男性メンバーはほとんど口を開かず、たとえ発言しようとしても、私たちに無視されたりさえぎられたりして、ふたたびくだらない椅子取りゲームがはじまるのだった。

表面上はうまく取り繕っていたものの、われわれ四人が他のメンバーを出し抜こうと躍起になっているのは明らかだった。本来は（結局は日の目を見なかった）新事業のために意見を出し合う場だった会合は、知識や功績をひけらかす場に成り下がり、私たちはといえば、早口でまくしたてては他人の発言の邪魔をしてばかりいた。知人の経営コンサルタントはこうした会合のことを「縄張り争いをしている動物園のサルたちのよう」と表現する。

私たちのおこないは、この表現にほぼ集約されていると言っていい。会合が終わるたびに私はクソ野郎になった気分になっていたが、それも当然のことだった。妻のマリーナによれば、会合から帰ってきた私は、家でも威圧的にふるまっていたらしい。彼女の指摘どおり、男性ホルモン中毒にかかっていたのだ。やがて正気を取り戻し、自分がいわゆる「クソ野郎病」に侵され、病原菌をまき散らしていたことに気づいた私は、そのグループを抜けた。

私は自分のことを、善良で、モラルがあって、周囲のバカどもの悪意に影響されないような強い意志を持つ人間だと思いたい。きっとみなさんもそうだろう。だが残念ながら、多くの証拠やビル・レイジャーの助言のとおり、クソ野郎病は誰もが感染してしまう病気なのだ。しかし、あきらめてはいけない。うっかりクソ野郎病にかかってしまっても、ただちに真のクソ野郎になってしまうほど、私たちは無力ではないのだ。

「クソ野郎病」を回避するには

バカどもの仲間になることなかれ――レオナルド・ダ・ヴィンチの法則

ビル・レイジャーの助言は要するに「仕事を受ける前にきちんと宿題をやれ」というこ

とだ。自分がクソ野郎の巣窟に足を踏み入れようとしているのかどうかを見極め、もしそうなら、そこに加わりたいという誘惑に断じて屈してはいけない。レオナルド・ダ・ヴィンチはこう言っていた。「最後に抵抗するよりも、最初に抵抗するほうが容易である」。実に社会哲学的な響きを帯びた言葉である。どれほど無意味で役に立たないバカげたことであっても、時間と労力を注ぐほどに手放せなくなっていく。まずい投資、破綻した交際、最低の仕事、いじめ野郎やクズがはびこる職場……。

たいていの人は決断を下す際に、埋没費用（取り戻すことが不可能な時間やお金）を考慮に入れてはいけないことを知っている。だが「投資しすぎてやめられない症候群」が人々に及ぼす影響は絶大だ。私たちは「これほど時間をかけて尽くしてきたものにはきっと価値がある、意味がないはずがない」と自分に言い聞かせては、費やしてきた時間や労力や苦しみをすべて正当化してしまう。そして、これにはもうひとつの落とし穴がある。嫌なやつらとディープに接する時間が長いほど、人はそいつらに似てくる。

私も「経営の神さま」のグループに参加する前に「ダ・ヴィンチの法則」に従っていれば、あれほどひどいことにはならなかっただろう。会合に参加すると決めたときには、すでに彼が傲慢で嫌なやつだと分かっていたのだ（というのも、事前に打ち合わせがあったからなのだが、おそらくそのときにクソ野郎病をもらったに違いない）。それでも私は自分を止められなかった。金や名声を求める欲が、「もし参加すれば、クソ野郎になってしまうぞ」という私の内なる声をかき消した。その後、どうにか正気を取り戻し、多くの時間と労力を使う前に戻ってこられた私は、少なくとも「投資しすぎてやめられない症候群」に陥らずにすんだのだった。

募集要項や面接で人々を欺いておいて、いざ仕事をはじめようかという前にその本性を現しはじめるような職場から、「ダ・ヴィンチの法則」が救い出してくれることもある。私の友人の例を見てみよう。名をアンドレアという。あるとき彼女のもとに、とても魅力的な仕事のオファーが舞い込んだ。それは著名な科学者からの依頼で、「新たに立ち上げるプロジェクトの指揮をとってほしい」というものだった。説得にあたって科学者は、アンドレアと密に連携すること、自由裁量権を与えること、そしてプロとして敬意を払うことを約束した。アンドレアは過去にも同じようなプロジェクトにかかわったことがあり、科学者はそのことも褒めちぎりながら、とても愛想よく彼女に接した。ところが、アンドレアが「夢のような」オファーを承諾した直後から、科学者の本性が露わになっていく。新しい仕事に胸を弾ませていた彼女は、正式に仕事が開始される前から、彼らの打ち合わせに出かけるようになった。しかし、打ち合わせのあいだ、科学者は彼女をチームに紹介してくれなかったばかりか、何度も彼女の話をさえぎり、その意見をくさしたのだった。戦略をアドバイスするために雇われたはずが、こんなふうに言われてしまう。「いまはおとなしく座っていてくれ」。自分の懸念を話そうにも、科学者は時間をつくってはくれなかった。賢明にもアンドレアは、そのオファーを辞退した。

私の妻マリーナも、まだ若い弁護士だった二〇年ほど前に、似たような経験をしたことがある。有名な訴訟弁護士のもとで働くことが決まったあと、マリーナはそこで働く若い弁護士から、その男がクソ野郎だと聞かされた。そんな人物とは働けないと思ったマリーナが事務所に心変わりを告げると、それを知った有名弁護士は彼女に電話をかけ、激しく責め立てながら、告げ口した人物を教えるよう迫った。そして彼女が情報源を明かさないと分かると、弁護士はますますいきり立ち、とうとうマリーナは次のように言い放ったという。「この電話で自分の決断に確信が持てました」

アンドレアもマリーナも、事前にきちんと〝宿題〟をしておけば、ここまで苦労しなくてもすんだだろう。とはいえ、二人は賢くも最初に抵抗して、クソ野郎病にかかる危険性のある職場を回避することができたのだった。

立ち去れ――それが無理ならなるべく遠くへ

仕事に就く前に、職場の様子を知ることができるとは限らない。面接のときに面接官が偽りの愛敬をふりまいているかもしれないし、あるいは詐欺まがいのテクニックでうまく勧誘し、契約書にサインをさせてから悪辣な職場に放り込むかもしれない。もしくは、あまりにストレスの多い仕事（長時間労働、時間的プレッシャー、ひどいクライアント）に不安や怒りが爆発してしまうかもしれない。ここでふたたび「ダ・ヴィンチの法則」の登場だ。「できるだけ速やかに出ていくこと」

アメリカ人労働者がそれぞれの仕事について語る一二〇以上のインタビューを集めた書籍『ギグ』のなかで、ウェイトレスのジェシカ・シーバーについてのこんなくだりがある。彼女は、下品な客や偉ぶった客をできるだけ避け、もしくは怒りを飲み込みながら接客をしてきたという。だが六日間の連続勤務のあと、人であふれた騒がしいカウンターの担当になったときに怒りが頂点に達してしまった。アラバマ州からきた酔っ払いが、友人たちのために次々とビールを注文しておきながら、チップをまったく寄こさなかったのだ。その男がさらにテキーラを注文すると、シーバーは〝頭から塩をぶっかけて〟、酔っ払いにこう言い放った。「いますぐチップを寄こさないなら、自分でお酒を取りにいってよね。こっちは一五〇ドル以上も売っているのに、チップがないってどういうことよ」。彼女はそれからすぐに、「クソ野郎菌」の少ない落ち着いた店に移ったという。

シーバーはこのケチな客を避けるべきだと直感したが、その客が自分の担当セクションのど真ん中に陣取ってしまったため、避けることができなかった。ではこういうとき、どうすればよいのだろう。仕事を辞められない、あるいは辞めるつもりがない場合は、あらゆる手を尽くして不愉快な連中と極力かかわらないようにすることだ。クソ野郎のいる会合にはできるだけ出席しない、何か言われてもなるべく相手にしない、それでも避けられないときは、会合を早めに切り上げる。これは、どうしても辞められない腐った職場で生き抜くために不可欠なテクニックである。とはいえ、手っ取り早く逃げ隠れできれば、クソ野郎病に感染する恐れも、それをまき散らすリスクもぐっと減る。そのときには、小学校で習ったことは忘れてほしい。〝いい子〟は退屈でも我慢して、先生を困らせたりせず、きちんと自分の席に座っていること。

大人になってもこの教えはなかなかふり払えないものだ。嫌なやつと話しているあいだじゅう、自分が椅子にくっついてしまったような気分になる。ここで、作家のニック・ホーンビィが若い世代におくったアドバイスを記しておく。「きみたちは出ていっていいんだ」。これは退屈なコンサートや映画の話をしていたときの言葉だが、どんな場面にも当てはまる。もちろん、クソ野郎に囲まれたと感じたときにも。

警告──同僚をライバルや敵とみなすのは危険である

前章で見たように、地位的格差の拡大は誰にとっても好ましくない。ボスザルたちは利己的なクソ野郎に変わり、下の者を虐待するようになる。そして下の者は引けめを感じ、精神的ダメージに苦しみ、本来の能力を発揮できなくなってしまう。多くの組織は、絶えず査定やランクづけをすることで格差を広げて、ひと握りのスターを甘やかし、それ以下の者は二流か三流市民のように扱う。その結果、友人になるはずの同僚が敵となり、残忍なやからとなって、互いをはしごの上から突き落とそうと躍起になっている。

だがこうした組織生活を、生き残りをかけた競争だと思い込むのは危険である。たしかにどんな組織にも協力と競争はつきものだが、極度の内部競争を禁じた組織は、（社会神話に反して）いい環境を生むうえに、パフォーマンスも向上する。またこれは私見だが、自尊心が頭をもたげ、トップに君臨したいと思ってしまえば、たいていその勝負には負ける。トップの営業マンや最高の野球選手やＣＥＯになど容易になれるものではないし、たとえなったとしても、結局はその栄冠を手放すことになるだろう。ほかの者に敬意を払い、協力しながら勝つことはすばらしい。だがはしごの途中で他人を踏みつけ、そうして昇りつめたてっぺんで彼らを負け犬のように扱えば、自分の人間性だけでなくチームや組織もおとしめることになるのだ。

社会心理学者によると、競争心の強すぎる人間を避け、クソ野郎病を回避するには〝フレーミング〟が有効だという。思い込みや言葉は、他人と接するうえで大きな役割を果たしている。たとえささいに思える言葉の違いであっても、それによって協力するか、敵対するかが決まることもある。スタンフォード大学の研究者、リー・ロスらは、ジャーナル・オブ・エクスペリメンタル・サイコロジー誌とパーソナリティー・アンド・ソーシャル・サイコロジー・ブリティン誌にいくつかの実験を発表した。実験の内容は、二人一組の学生に対戦ゲームをしてもらうというもので、その際に学生たちは「どちらも勝つ」ように協力してもいいし、「勝ち負け」が決まるように競い合ってもよいことになっている。

ゲームは古典的な「囚人のジレンマ」を基にしたものだ。二人とも正直で協力的なら、平等に恩恵を受けることができるし、二人がともに競合すれば、どちらの成績も低くなる。そしてひとりが競争的で、もうひとりが協力的なら、競争的な者は大勝ちし、協力的なほうは大負けする。こうしたシチュエーションで協力しない人間は、最初は協力しようと言いながら、最後に裏切って褒美をひとりじめすることが多い。ちなみにこの「囚人のジレンマ」は、実験や数学的シミュレーションで何度となく用いられ、ノーベル賞に輝いた研究もいくつかある。

ただしロスの実験では、半数のプレーヤーに、このゲームは「コミュニティ・ゲーム」（協力して世界をつくっていくイメージを喚起するゲーム）だと伝え、残りの半数には「ビジネス・ゲーム」（食うか食われるかの世界を喚起するゲーム）だと伝えた。コミュニティ・ゲームをしているプレーヤーたちは、ビジネス・ゲームをしている者に比べて、圧倒的にみずからの意図に正直で協力的だった。同様の結果は、のちにアメリカの空軍士官学校でもくり返し再現されており、また、別の実験で「敵」「戦い」「浅はか」「意地悪」「弁護士」「資本家」といった言葉を最初に聞かされた者は、「援助」「公平」「温かい」「互いに」「共有」といった言葉を最初に聞かされた者よりも、はるかに非協力的になる傾向が強いことも明らかになっている。つまり、ささいな言葉の違いのなかに、やる気のある人々を利己的で不正直な裏切り者にしてしまうような、計りしれない力があるということだ。

コンプUSA社の元CEO、ジェームズ・ハルピンが従業員に伝えた言葉のなかに、純粋な競争として「フレーミング」された人生を垣間見るができる。「きみたちの同僚は競争相手だ」、あるいは「社員には仕事の終わりにいつもこう自問するよう伝えている。『同僚に勝つために自分は何をしたか』と。何も思いつかなければ、無駄な一日だったということだ」。ハルピンがアカデミー・オブ・マネジメント・エグゼクティブ誌に語ったところによると、各支店のマネジャー二〇名とおこなうミーティングの席で、彼はこの哲学を実践していたという。ハルピンの言葉によれば、まず机の真ん中に線を引き、業績のいい一〇名を線の後ろに座らせ、業績の悪い一〇名を上司の席に近い手前に座らせた。なぜなら「彼らはわれわれの言うことをひと言も漏らさず聞く必要があるからだ」。また、マネジャーたちは自店の損失数（紛失、盗難にあった商品の数）が書かれた名札をつけさせられる。ハルピンの考えでは、損失数の多い者は「なんて損失が多いんだ。会社の平均に比べてひどすぎる。こんなやつの隣に座りたくない」と罵倒されるのが当然であり、間違っても「では成績のよかった者は、悪かった者を助けてやってくれ。そうすれば会社全体が助かる」などと言われることはない。結局、コンプＵＳＡの業績悪化に伴い、ハルピンは解任されてしまったが、私はいつもこのケースに興味を引かれる。というのも、世界の定義《フレーミング》の仕方によって、これほど人の行動は変わるものかと驚くからだ。ハルピンは（かなり意図的に）残酷な競争が当たり前で望ましいと思われる世界をつくり出した。ということは逆に、内なるクソ野郎を鎮め、クソ野郎病の蔓延を防ぎたいなら、協力的な視点で人生をフレーミングするような思考や言葉を用いればいいということだ。では次に三つの「協力的なフレーム」を見てみよう。

第一に、競争と協力の両方が求められる状況は多いが、まずは「どちらも勝つ」やり方に意識を向けること。組織を訪れ、そこの人々が協力的か競争的かを知りたいとき、私は彼らの使っている言葉に耳を傾ける。たとえば、「私たち」と「私」。また、彼らが社内のほかのグループについて話しているときにも注意を払う。そのときもまだ「私たち」と言っているか、もしくは「私たち」と「彼ら」に分けていないか。ささいなことに思えるかもしれないが、リー・ロスらが示したように、小さな言葉の違いがときに役に立つのだ。

現代経営学の祖として有名なピーター・Ｆ・ドラッカーは、亡くなる少し前に、六五年の自分のキャリアをふり返り、こう結論づけた。「偉大なリーダーには、カリスマ的な者もいれば退屈な者もいるし、空想的な者もいれば数字にこだわる者もいる」。だが、彼の知る有能なマネジャーにはいくつか共通点があった。そのひとつが「私」ではなく「私たち」という意識が強いということだった。みなさんも自分や同僚の言葉に耳を傾けてみてはどうだろう。ミーティングを録音してみて、もし自分たちが「私が、私も、私は」を連発し、「私たち」に対して「彼ら」という語を使っていたら、話し方を変えるときかもしれない。きっと、内なるクソ野郎を食い止める力になるはずだ。

第二に、自分は他人より優れてもいなければ劣ってもいない、という意識にシフトすること。どんなことに対しても、（傲慢さを助長し他人の意見を否定するような）優位性や、（嫉妬や敵意を喚起するような）劣位性に囚われてはいけない。同胞はみんな自分と同じく、愛や居心地のよさや幸せや敬意を必要としているのだと考えよう。私がこの見方のすごさに気づいたのは、ウェンディというクローゼット・デザイナーと新たな収納について相談をしながら、わが家で数時間を過ごしたときのことだ。私が彼女の仕事について尋ねると、「いいクローゼットをデザインしたり、お客さんといい関係を築いたりするコツは、人間はみんな似ているんだと思うこと」と彼女は言った。「私たちはみんな一緒なのよ」とは、ウェンディの至言である。

ウェンディはこんな極端な例を挙げて説明した。彼女は私とわが家のクローゼットに対して、直近の依頼主（部屋に鞭と鎖を飾りたいというＳＭ愛好者）とまったく同じアプローチをとったというのだ。ウェンディは彼の話を聞き、持ち物を見て、彼の要望を察したそうだが、それは私とわが家のクローゼットが求めているものとそれほど大差はなかったという（うちには鞭も鎖もないのだが）。というのも、表面的なものを取り払ってしまえば、私たちはたいがい「みんな一緒」だからだ。もちろん、異なる部分はたくさんあるし、だからこそ、それぞれのスキルやパフォーマンスに応じて報酬がもらえる。しかしウェンディの哲学やものの見方は、誰もが持つ〝人間性〟を思い出させてくれる。こうした思考があれば、「自分がこう扱ってもらいたい」と思うのと同じやり方で、ほかの人に接することができるだろう。

そして最後に、ビジネスやスポーツの世界を見ると、絶えず「われがわれが」「もっともっと」と、みんながより多くを求めてばかりいるのを目にする。かつて車のバンパーにはこんなステッカーが貼られていた。「死ぬときにいちばん多くのおもちゃを持っている者の勝ち」。要するに私たちは、生きているあいだじゅうずっと、金、名声、勝利、美、セックス、そのいずれも十分に満たすことのできない競争世界に囚われていて、他人よりももっと多くのものを手にしたい、しなければ、と絶えず躍起になっているということだ。

もちろん、こうした姿勢は、すばらしいパフォーマンス、洗練された機能的な製品、優れた医療技術や薬、ひいては効率的で人情味のある組織を生み出す原動力になっている。しかしやりすぎれば、とめどない不満、抑えきれない欲望、過度の競争によって精神を病んでしまうこともある。そうして、「下の者」のことを、侮辱されても当然の劣った人間だとみなし、より多くを持つ「上の者」をねたみや嫉妬の対象とみなしてしまうのだ。

　そこで有効なのが、ちょっと自分の世界をフレーミングしてみることだ。まず、自分にこう言ってみてほしい。「私はもう十分に持っている」と。たしかに世界には、自分の手にしている以上のものを必要としている人たちがいるし、そういう人は安全で、食べ物があって、必要なものがそろっている場所を求めている。だが一方で、支障なく生活を送れているのに、それでも満足できずに物足りなさを感じている人があまりに多い。私がそれを学んだのは、ザ・ニューヨーカー誌に掲載されたカート・ヴォネガットの「ジョー・ヘラー」というすてきな詩を目にしたときだ。この詩は第二次世界大戦を舞台にした小説『キャッチ＝22』（早川書房）で知られる作家ジョセフ・ヘラーを題材にしたものである。そこにはヘラーとヴォネガットが参加した、ある億万長者の家でのパーティーの様子が描かれている。ヘラーはヴォネガットに言う。この億万長者がけっして手にできないものを自分は持っている。それは「私は十分持っているという認識だ」と。この聡明な言葉は、そのままの自分でいることへの安堵と、周囲の人々に愛情と敬意をもって接することができる〝フレーム〟を提供してくれる。

ジョー・ヘラー

これは誓って本当の話だ。

いまは亡きジョセフ・ヘラー、かの愉快な作家と一緒に、
私がシェルター島で開かれた億万長者のパーティーに出席したときのこと。

「ジョー、ここのあるじが、昨日だけで、
きみの小説『キャッチ＝22』の、これまでの売り上げよりも
稼いでいるとしたら、どう思う？」

私が聞くと、ジョーは答えた。

「ぼくは、彼が絶対に手にできないものを手にしている」

「ジョー、それは何だい？」

「自分がもう十分に持っているという認識だ」

いいじゃないか！　安らかに眠れ！

——カート・ヴォネガット
二〇〇五年五月一六日号『ザ・ニューヨーカー』

自分の行動を客観視する

他人に及ぼす影響という意味でのクソ野郎を定義するのに、私は慎重を期してきた。本書の冒頭で紹介した、「クソ野郎の基準」のひとつ目を思い出してみてほしい。「その人物と話したあと、標的になった側が委縮し、侮辱されたと感じ、やる気を吸い取られ、あるいは見くびられたように感じているか。とくに標的自身が自分のことをダメ人間だと思い込んでいないか」。この基準が示すのは、自分で自分をクソ野郎と思うかどうかはさておき、他人がどう思っているかが重要だということだ。さらに心理学者によるあまたの実験によれば、私たちはほぼ例外なく、自分の態度や影響力、また他人にどう見られているかを都合よく曲解し、誇張して生きているという。幻想に溺れるのではなく、厳しい現実に向き合いたいなら、自分が思う自分と、他人の目に映る自分を比較してみることだ。

エグゼクティブ・コーチングの専門家、ケイト・ルードマンとエディ・アーランドソンの取り組みにそのヒントを見ることができる。二人によると〝支配者層〟のなかにも、決然とした態度を示し、結果を出す力のある者はいるそうで、そのため一様にクソ野郎のレッテルを貼るのは公平ではないという。だがこれまで見てきたように、上に立つ者には特筆すべき類似点がある。二人がそれを知ったのは、ある管理職の粗野なふるまいを改善しようとしたときのことだ。まず二人は、その人物が上司、同僚、部下からどう見られているかを調べ上げ（ひとりのクライアントに対して、合計三五名から五〇ページにわたる情報を収集したこともある）、それを一ページのチャートにまとめて本人に手渡した。二人によれば、たいていの人は、その結果に最初は抵抗を示すが、やがて圧倒的な証拠の前に弁解の余地なしと気づき、変わろうという気を起こすのだという。

ハーバード・ビジネス・レビュー誌で二人が言及したように、彼らのクライアントでいちばん有名なのが、巨大コンピューター企業デル社の創設者にして会長のマイケル・デルと、同社の現CEOケビン・ロリンズだ。マイケル・デルの部下たちは、デル氏を手の届かない、短気で薄情な人間だとみなしていた。一方、ロリンズの同僚たちは、ロリンズのことを批判的で、頑固で、すぐに自分の結論に飛びつき、他人の意見に耳を貸さない人間だと思っていた。だがデルもロリンズも、自分がどれほどの恐怖と不満を社内に蔓延させているかに、まったく気づいていなかった。

彼らの名誉のために言っておくが、両人とも懸命に自分を変えようと努力し、いまでは周囲からの評価を受け止めながら、進捗状況を客観的に観察している。またデルとロリンズは、私が言うところの「内なるクソ野郎」を抑えることに対して、いたってまじめでお茶目な一面も見せている。たとえば、ロリンズは絵本のキャラクター「ひとまねこざる」のぬいぐるみを買ってきて、「もっと人の意見や話を聞かなければ」と自分に言い聞かせているという。さらに彼らは、会社の業務をよりシステマチックなものへと変革し、デル社のジェネラル・マネジャーの理想像を「人の話をよく聞き、敬意をもって人に接する」人物へと改めた。そして、デルとロリンズが自分たちの弱さを率直に明かすようになると、ほかの役員もみずからの卑劣さや心ない言動について話す〝許可〟を与えられ、同僚たちも彼らの悪質なふるまいを〝指摘する〟許可が得られたという。ある幹部は次のように語っている。「誰かがミーティング中に爆弾発言をしてしまう癖をなおしたいと打ち明けたら、われわれにはそれを止める許可が与えられる。そして実際に止めるのだ」

過去と向き合う

ここまで私は、個人の性格には言及せず、クソ野郎病を回避し、まき散らさないためにはどうすればよいのかを重点的に語ってきた。それというのも、嫌なやつの対処法に関するあまりに多くの助言が、各自の性格や性質のことばかりを指摘しすぎるからだ。一方で、クソ野郎病は誰もがかかるものだという点についてはあまり語られていない。なかには「ヒョウの柄は死ぬまで変わらない」とか、「卑劣漢は死ぬまで卑劣漢」などと主張する書籍もあるが、膨大な心理学研究によれば、種々の状況における人間の行動に、人格はそれほど影響を与えていないという。私が人格に言及することを避けてきたもうひとつの理由は、自分や他人の性格を変えるために費やす時間や労力に比べれば、職場を選んだり、悪辣な場所から逃げたり、嫌なやつを避けたり、ものの見方を変えたり、他人からの評価を知って結果的に自分が改善されたりするような、直接的な行動を起こしたほうが、はるかに見返りが大きいからだ。もちろん、こうした行動を起こすのは簡単ではないし、痛みも伴う。しかし、生まれ持った性格や、幼いころから染みついた性質を変えるよりは、ずっと楽だし、うまくいく可能性も高い。

ただし、人格がどうでもいいということではない。研究者たちは、人間の何千という特徴を明らかにし、分類してきた。そのなかには、クソ野郎になりやすい性質というのが多かれ少なかれあるという。たとえば、不安を抱いている人、攻撃的な人、支配的な人、トラウマがある人、受動的攻撃性を備えた人、命令癖のある人、神経症の人、ナルシスト、パラノイア、おおらかな人、信頼があつい人、優しい人……。こうした性格を、ここで事細かく分析していくことはできないが、知っておくべき大切な教訓がひとつある。心理学の世界で古くから伝わるこの言葉は、数々の証拠に裏打ちされたものだ。すなわち「未来の行動についての最大の予言者は、過去の行動である」。このシンプルな真実が伝えているのは、たとえばアルコール依存症などの患者が治療でおこなうように、暗い過去と向き合うことで自分の「クソ野郎的傾向」の度合いを知り、自分を変えていけるかもしれないということだ。

学校に通っていたころ、自分がいじめっ子だったかどうかを自問してみてほしい。学校のいじめに関する研究や、同級生をくり返しいじめる子どもについての研究は多数存在する。ダン・オルベウスは、ノルウェーで一三万人以上の児童を対象に、いじめっ子と被害者双方を長期にわたって詳細に調査した。それによると、ノルウェーの子どものおよそ七パーセントがいじめっ子で、約九パーセントが被害者だった。さらにこの調査では、いじめっ子になる子どもの傾向も示されている。典型的だったのは、冷淡、あるいは乱暴な両親に育てられた子ども、乱暴を働いても止められなかった子ども、そして学校に上がる前から「せっかちで怒りっぽい性質」が認められていた子どもだ。学生時代のいじめっ子が、職場でいじめをする大人になると示す系統だった研究はないものの、オルベウスの調査によると、こうした性質は大人になっても続く傾向があり、六年生から九年生までのあいだにいじめっ子と認識された少年の約六〇パーセントが、二四歳になるまでに少なくとも一件の有罪判決を受けているという（いじめっ子でない子どもの場合は一〇％）。この調査結果がすごいのは、学生時代にいじめっ子だった者は、職場の同僚に対しても挑発や脅迫、果ては暴力行為にまで及ぶという偏見が、あながちこじつけではないという点だ。

過去の行動と向き合えば、将来クソ野郎になるリスクを見極めることができるかもしれない。だがここでもうひとつ、人類学者、歴史学者、心理学者による興味深い調査結果を紹介しておきたい。それは、育った環境によって（とくに攻撃性が高く暴力的な地域で育った場合には）クソ野郎になるリスクが増すというものだ。ドヴ・コーエンらがミシガン大学でおこなった、「名誉の文化」圏で育った人々についての調査を見てみよう。人類学者によれば、「名誉の文化」とは、けっして他人にふりまわされたり、騙されたりしない人物という評判を得ることで、地位を勝ち取り、保っていられる文化のことだが、そういう地域では、ほんのささいな口論が、当人の評判や社会的地位をかけた争いへと発展する。コーエンらはその例として、アメリカの西部や南部にいたカウボーイを挙げている。かつて無法地帯だったこれらの地域では、富や社会的地位が簡単に他人に奪われた。そのため、当時から大きく様変わりした現在でも、西部や南部にはいまだに「名誉の文化」が根強く残っている。こういう地域で育った人々は、別の地域へ移動してからもずっと、非常に礼儀正しく思いやりがあるが、そこには他人の名誉を傷つけることで、争いになるのを避けようとする意図がある。だが侮辱されたとなれば、必ず立ち上がって反撃し、自分のもの（とくに敬意をもって遇される権利）を守ろうとする。

ジャーナル・オブ・パーソナリティ・アンド・ソーシャル・サイコロジー誌に掲載されたコーエンらの実験によれば、アメリカ南部で育った男性は、北部に移動したあとも、「名誉の文化」の影響を根強く受けつづけているという。ミシガン大学で一九九六年におこなわれた調査のなかで、被験者（南部人と北部人が半数ずつ）が、〝たまたま〟通りかかった仕掛け人とぶつかり、罵声を浴びせられるという実験をおこなった。北部人と南部人では、その反応に大きな違いが見られた。北部人の六五パーセントが、ぶつかられて罵られたことに驚いたものの、腹を立てたのは三五パーセントにとどまった一方で、罵られて驚いた南部人は一五パーセントだけで、残りの八五パーセントは腹を立てたのだ。さらに別の研究でも、南部人はぶつかられると強い心理的反応を示し、とくにコルチゾール（ストレスや不安に密接にかかわるホルモン）が大量に分泌され、男性ホルモンの一種であるテストステロンの分泌レベルも上がることが分かったが、北部人には、そうした兆候は見られなかった。

こうした実験と数々の研究が示す教訓は、南部の人間（あるいはカウボーイ）として育った者は、普段はほかの人より礼儀正しいにもかかわらず、少しでも侮辱的なクソ野郎に遭遇すると、反撃する確率が高く、クソ野郎病の蔓延にひと役買ってしまう恐れがあるということだ。

まとめ――クソ野郎よ、汝自身を知れ

二〇〇六年にスタンフォード大学を卒業したデイブ・サンフォードは、自己認識が高く、聡明で人懐っこくて、私の大好きな生徒のひとりだった。あるときデイブに本書の話をすると、こんなことを語ってくれた。彼は大学に入学したばかりのころ、周囲に自分のユー

デイブのバッジ
（自分をクソ野郎だと認めることが、最初の一歩）

モアが通じず（デイブはまじめな顔で冗談を言う癖があった）、同級生からクソ野郎だと思われていたという。そこで彼は、自分が周囲からどう見られているのかを理解し、あまり自分を知らない人たちをいら立たせるようなことをして、うっかりクソ野郎だと思われないよう懸命に努力した。デイブは、そのとき弟がくれたバッジを見せてくれたのだが、そこにはこんな言葉が書かれていた。「自分をクソ野郎だと認めることが、最初の一歩」。この言葉は、まさにこの章の要点を突いている。まず、内なるクソ野郎を外に出さないために、自分をクソ野郎に変えてしまう場所や相手を知ること。次に、世界を「勝者がすべてを手に入れる」場所だとみなせば、あっという間にクソ野郎になってしまうと認識すること。そして、自分の本来の姿が周囲から誤解される場合があること（デイブのように、クソ野郎に見られない方法を学ぶと

よい）。要するに、クソ野郎にならないためには、己を知れということだ。

私はここ数年、子どもたちのスポーツチームのコーチをしている。できることなら、サイドラインから聞き苦しい文句や余計なアドバイスを叫んでは、子どもたちを動揺させ、試合を忌まわしい経験に変えてしまう不愉快な父母たちに、デイブのバッジを配ってやりたい。こうした威圧的な親たちは、私が出会ったなかでも飛びぬけて最強のクソ野郎の部類に入る。昨年、私が九歳の少女のサッカーチームでアシスタントコーチをしたときのことだ。審判の判定に猛烈に腹を立てたうちのチームの親が、試合中にフィールドへ侵入し、審判に食ってかかるという醜悪な事態が起きた。私がその親に、リーグの規約にも精神にも反するから出ていくようにと説明すると、彼は青筋を立ててますますいきり立ち、殴りかからんばかりの形相で私をにらみつけ、侮蔑の言葉を叫び散らした。

こういう出来事があった場合、選手による不適切な行為を罰する現在のサッカーのルールに基づいて、子どもたちのスポーツでは、親も罰せられるようにしたほうがよいのではないかと思う。たとえば、〝イエローカード〟を受けた親はサイドライン際から一〇分間の退場、〝レッドカード〟ならひと試合まるまる退場させるのだ。そうすれば、罰を受けた親たちも自省するかもしれないし、子どもたちの試合から、そういうバカな大人を一掃できるかもしれない。

すでに紹介したように、自分を知り、制御するには、周囲の人々をじっくり観察し、自分の過去のなかにクソ野郎菌をまき散らすリスクがあるかどうかを見極める（そして軽減する）ことが重要である。だが、もっと簡単に自分の「クソ野郎度」を知りたければ、ほかにもこんな方法がある。

〝リアルタイム〟の情報に興味があるなら、アンモル・マダンらがマサチューセッツ工科大学（ＭＩＴ）メディアラボで開発した装置に着目してほしい。その装置は「ジャーコメーター（Jerk-O-Meter）」と呼ばれるもので、それを使うと自分が嫌なやつになっているかどうかが分かるという代物だ。ジャーコメーターを電話に取りつけると、音声分析機能が作動し、ストレスや共感のほか、会話中に見られる「全体のクソ野郎要素」をただちに解析し、フィードバックしてくれる。ＭＩＴの研究者たちはこう説明する。「ジャーコメーターの数理モデルは、同ラボのいくつかの研究から派生したものです。その人物が会話に乗り気かどうか、デートの誘いを受けたり、特定の商品を勧められたりしたときに、その気があるなら、それがどのように口調にあらわれているか。そういうことを調べているうちに、口調や声のトーンによって、たとえば、会話やデートに乗り気かどうかは、七五～八五パーセントの確率で言い当てることができると判明したのです」

瞬発的な行動を測定してくれるこの機器を、私は気に入っている。というのも、本書のメーンテーマのひとつが、どんな言葉を発しようと、どんなポリシーを持っていようと、いまこの瞬間、目の前の人物に向き合わなければクソ野郎撲滅法は意味がない、というも

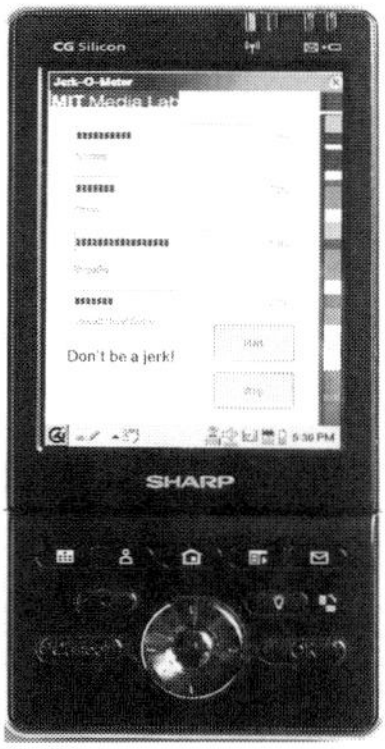

The MIT Jerk-O-Meter

のだからだ。

残念ながら、ジャーコメーターは販売されていない。それにたとえ売っていたとしても、声のトーンだけで行動のすべてを測ることはできないし、他人の反応を知るのも無理だろう。そこで私は、真のクソ野郎かどうかを判断するための自己診断テストを考えてみた。このテストは、本章で紹介した研究やアイディアからヒントを得たものだが、厳密な科学調査で実証されているわけではない。しかし、自分のクソレベルを測るうえでの参考程度にはなるだろう。

まず、周囲に対する自分の直感的な反応や、他人への接し方、自分に対する周囲の反応などに関する二四の質問（一三九ページ参照）にイエスかノーで答えてもらいたい。そして、これが単なる即興のテストだと心に留めたうえで、じっくりと結果を確認してほしい。きっと驚くに違いない。

さらに具体的な証拠が欲しければ、デル社の役員たちのように、他人が自分のことをどう思っているかを確認してみるといいだろう。確認方法はいたって簡単だ。「自己診断テスト」の質問リストを用意して「あなた」の部分を自分の名前に変えるだけ。もしクリスという名前なら、最初の一文は以下のようになる。「クリスは無能なバカに囲まれていると感じている――そしてときどき、それを彼らに伝えずにはいられない」。このとき気をつけてほしいのは、回答者を特定できてしまうやり方では、まずクソ野郎とは診断されないということだ。仮にあなたが卑劣漢だったら、相手は当然報復を恐れるだろう。そして評価が適正に下され、その結果、クソ野郎の傾向があると診断された場合は、もう一度この章に書かれたアイディアを読み返してみてほしい。もうひとつ覚えておいてほしいのは、自分がクソ野郎だと認める勇気があったからといって、自分自身や卑劣な同僚、組織に潜むこの問題を、根絶できると思ってはいけないということだ。私の息子、タイラーがよく言うように「悩んだからって、その悩みの専門家になれるわけじゃない」のである。

本章の内容と、次の自己診断テストを合わせれば、クソ野郎撲滅法の実現も遠くない。組織を管理する者がこのルールを実行し、自身も病原菌をまき散らさないように努めれば、文化的な職場を保つ、よい循環が生み出されるはずだ。

自己診断テスト――あなたのクソレベルは？

内なるクソ野郎が出てきてはいないか

職場での普段の気持ちと、同僚への接し方に関する次の24の質問に「イエス」か「ノー」で答えること。

同僚のことをどう思っているか

1　あなたは、無能なバカに囲まれていると感じている――そしてときどき、それを彼らに伝えずにはいられない。
2　あなたは、いまの能なしどもと一緒に働くようになるまではいい人だった。
3　あなたは、周囲の人間を信用できない。そして周囲もあなたを信用していない。
4　あなたは、同僚を競争相手だと思っている。
5　あなたは、〝はしごをのぼる〟最善の方法は、他人を蹴落とすことだと思っている。
6　あなたは、ひそかに他人の苦しむところを見て楽しんでいる。

7　あなたは、いつも同僚に嫉妬していて、彼らの手柄を素直に喜べない。

8　あなたの親友リストは短く、敵のリストは長い。そしてそのいずれも誇りに思っている。

同僚にどう接しているか

9　あなたは、ときどき、職場にいる負け犬やバカをさげすまずにはいられない。

10　あなたは、バカなやつをにらみ、侮辱し、ときにどなることは有効だと思っている。そうでもしないと、相手はいつまでたっても自覚できないからだ。

11　あなたは、チームの手柄を自分の功績だと思っている。自分がいなければ何もできない者ばかりなので当然だ。

12　あなたは、相手を侮辱したり困らせたりするためだけに、打ち合わせで〝悪気のない〟コメントを発して楽しんでいる。

13　あなたは、すぐに他人のミスを指摘する。

14　あなたは、ミスを犯さない。問題が起こるときは、いつもどこかのバカのせいだ。

15　あなたは、いつも他人の話をさえぎる。なぜなら自分の意見のほうが大事だからだ。

16　あなたは、いつも目上の人間の機嫌をとる。そして下の者にもそれを求める。

17　あなたの冗談やからかいは、たまに度を越えることがある。だが、正直に言ってそれもおもしろいと思っている。

18　あなたは、現在のチームに愛着があり、チームのメンバーにも好かれている。しかしほかのチームとは常に敵対している。自分のチーム以外の者はどうでもいいし、敵でもあるため、彼らのことはごみのように扱う。

周囲のあなたに対する反応

19　会話中にみんながあなたの視線を避け、緊張感を漂わせている気がする。

20　あなたに何か言うとき、周囲の者は慎重になっている気がする。

21　あなたのメールに対して敵意ある返信ばかりが返ってくる。そしてそういう連中とはよくメール上での喧嘩に発展する。

22　周囲の者があなたに個人的な情報を明かすのをためらっている気がする。

23　あなたが現れると、みんなの楽しげな雰囲気が消える気がする。

24　あなたが現れると、みんなはそそくさとその場を去るような気がする。

●採点　「イエス」と答えた項目の数を数える。なおこれは科学的に実証されたテストではなく、あくまで私個人の意見である。

0～5点――真のクソ野郎ではない。ただし正直に答えていればの話だが。

6～15点――真のクソ野郎か否かのボーダーライン上にいる。悪化する前に行動を改めるべきときかもしれない。

16点以上――完全無欠のクソ野郎。ただちに助けを求めること。ただし、私のところへはこないでほしい。あなたとお会いしたくはない。

第5章

クソ野郎に支配されたら

——嫌なやつだらけの職場を生き抜くヒント

クソ野郎撲滅法どころか、クソ野郎〝促進法〟がはびこる職場に閉じ込められていると感じている人は、ごまんといるだろう。年中いじめにあっている被害者や目撃者が仕事を辞める割合は、良識的な職場に比べてかなり高い。

シャーロット・レイナーとローレイ・キアシュリーは、平均的な離職率五パーセントと比較して、いじめの被害者の離職率は二五パーセント、目撃者の離職率は二〇パーセントだと試算する。だが、こうした数字には、しぶしぶ現状を受け入れざるをえない人の数は入っていない。多くの人は、経済的な理由で劣悪な職場にとどまっている。というのも、ほかの職場（少なくともいまと同じだけの給料がもらえる職場）へ逃げ込む道がないからだ。それに、たとえ良識的な職場のいい仕事（とくにサービス業）であっても、嫌なやつとは喧嘩になる。ジェットブルー航空会社のキャビンアテンダント、セブンイレブンの店員、スターバックスのバリスタ、ディズニーランドのキャスト、ビジネススクールの講師、マッキンゼー社のコンサルタント、その誰もが、嫌な客は「受け入れるしかない」と口をそろえる。

また、そういう職場から逃げると決めても、退職までの数週間から数カ月間、虐待に耐えながら過ごす人もいる。たとえば私の記事を読んだ、あるソフトウェア会社に勤める男性の話では、悪辣な経営陣に耐えかねた優秀なプログラマーが退職を決めたときにも、やはり事前に仕事を確保しなければならないという。ほかにも、プロジェクトが終わるまで、ボーナスをもらうまで、ストックオプションが行使できるようになるまで、退職金をもらうまで……さまざまな理由で虐待に耐える場合もあるだろう。だが、クソ野郎どもと接する期間が短期であれ長期であれ、最悪の状況で最善を尽くす方法はある。

シリコンバレーの管理職が、意地の悪い同僚たちに対処した方法を見てみよう。プライバシー保護のため、ここではルースと呼ぶことにする。仕事をはじめたばかりのころ、ルースは「おびただしい数のクソ野郎」との醜い闘争に巻き込まれた。彼らは打ち合わせの席でことあるごとに彼女をおとしめ、邪魔をし、にらんでは、たいした代替案もなしに彼女の意見にケチばかりつけていた。そして、そんな勇気もないくせに強硬な解決策（業績の悪い者を首にするとか）を提案し、彼女に汚れ仕事を押しつけた。

また、ルースに仕事のやり方を教えては、きっちり指示に従った彼女を批判した。ルースは抵抗を試みたが無駄だった。どうにかポジションを保ったまま、嵐をやり過ごしたときには、自信はすっかり打ち砕かれ、身も心もぼろぼろだった。最低なやつらの嫌がらせのせいで体重も減り、何カ月も眠れない日々が続いた。

三年後、またも同様の事態が持ち上がる。同じ連中がふたたび仕掛けてきたのだ。だがルースは、今度こそしっかり目を見開き、〝餌食〟にならずに切り抜けるのだと決意した。対抗策のヒントにしたのは、ティーンエイジャーのときにラフティングのガイドに言われたことである。「急流でボートから落ちたら、流れにあらがってはいけない。ライフジャケットに身を任せ、足を前に伸ばして浮かんでいること。そうすれば、岩に打ちつけられても、足を使って押しのけられるし、頭も守れて体力も温存できる」。この助言の正しさは、実際にルースが「悪魔の巣窟」として知られるカリフォルニア州のアメリカンリバーに落ちたときに証明された。ガイドのアドバイスは完璧だった。足を前に突き出した状態でしばらく急流を下っていたルースは、やがて流れが緩やかになったところで、穏やかな岸辺で待つボートまで泳ぎついたのだ。

ルースはこのアドバイスを、社内の〝巣窟〟である何度目かのミーティングの席で思い出した。その席上では、彼女を含む数名が標的となり、不快な視線や過剰な非難を浴びせられていた。クソ野郎病は、普段は優しくておとなしい人にも、森林火災のように広がっていく。テーブルの下で足を伸ばしたルースは、ふとラフティングのことを思い出し、自分に言い聞かせた。「私はクソ野郎にうっかりボートから投げ出されてしまっただけだ」。そうして悟ったのだった。「生き残る方法なら知っている」

被害者意識を取り払うと、ルースは強さがみなぎるのを感じた。パニックを起こさず、ただ「足を前に出して浮いて」いれば、体力を温存したまま、やがて困難をくぐり抜けられる、そう気づいたルースは無事にミーティングを乗り越えた。ミーティング後、彼女は同じく嫌がらせに苦しんでいる同僚にもこの方法を教えてあげた。すると、そこでもうまくいった。〝標的〟たちは、この作戦が功を奏した理由を次のように分析している。ただ惨めな気持ちで浮かんでいるのではなく、卑劣なやつらが行く手に投げつけてくる岩を自分の意志で跳ね返していると思えるからだ、と。こうして力を得た二人は、「足を出してじっとしていること」を合い言葉にして、体力と自信を保ったまま、この試練を乗り越えていく。同じ穴のむじなになってクソ野郎に毒を吐き返す代わりに、冷静に、ほかの被害者たちにも手を差しのべ、クソ野郎の毒を避ける方法や、クソ野郎が被害者や会社に与えるダメージをそれとなく周囲に分からせたのだ。そしてルースたちは、試練中に温存していた体力と自信を、次の職探しに使ったのだった。

ルースの「悪魔の巣窟作戦」には、たとえ卑劣漢に囲まれても、心身の健康を守りながら仕事を完結させるための二つの重要な要素が含まれている。まず、悪意に満ちた世界を自分なりにとらえ直したことで、クソ野郎と精神的に距離をおき、ときに周囲の出来事に対して完全な無関心になれたこと。そして、自分ではどうにもならない大きなうねりに逆らわなかったことだ。ルースはそれよりも小さな事柄（ほかの被害者に同じ方法を教えたり、心の支えになったり、社内の良識ある人々の力になろうとすること）に力を注いで自分を制御した。また、彼女は勝てる勝負なら挑み、少しずつクソ野郎の牙城を崩していった。勝ち目のない大きな戦いに挑んで、以前のように打ちのめされるのではなく、小さな勝ちを積み重ねて自信と安定を保ったのだ。

リフレーミング――ものの見方を変える

心理学者によると、ストレスの原因から逃げられないのであれば、考え方を変える（リフレーミングする）ことによって被害を減らせるという。リフレーミングの有効な手段としては、「自分を責めない」「最善を望みながらも最悪に備える」などがあるが、私のお気に入りは、「無関心を決め込み、感情を麻痺させる」ことだ。いつ、どのように無関心を決め込みなさい、というアドバイスをしているビジネス書など聞いたこともないかもしれないが、苦境のなかではいちばん有効である。

マーティン・セリグマンの「ポジティブ心理学」の研究によると、人が困難を一過性のものとみなし、自分を責めず、いつかは消えるものだと考えれば、そのフレームが心身を守り、回復力を高めてくれるという。長年、職場のいじめ被害者のカウンセリングをおこなっているイギリスのノリーン・テラニは、被害者が共通して口にするのは、「一生この状況から逃れられない」「こんなことになったのはきっと自分のせいだ」「誰もが私を嫌っている」などの思い込みだと語る。

テラニは（セリグマンの研究をベースにした）認知行動療法を用いて、被害者のこうした不合理な思い込みを改善し、いじめを働く人に対するもっと楽観的なフレームを育んでもらおうと取り組んでいる。先ほど紹介したルースがとった作戦も、テラニのアプローチ法と同じ要素を含んでいる。一度目と二度目の試練で、ルースがクソ野郎に対して用いたフレームの違いを思い出してみてほしい。ルースは私にこう言った。「二度目のときは、それが自分のせいではないと分かっていたから、自分を責めるつもりはなかった」。そして「悪魔の巣窟作戦」の力を借りて、クソ野郎からの攻撃をいつかはやり過ごせる試練だととらえられるようになったのだ。

ディズニーランドでも、似たような方法を用いて新人キャストを訓練し、不快な客の対応にあたらせている。少しだけ違うのは、新人キャストは自分のことも、不快な客のことも責めないよう教えられている点だ。数年前、私の元教え子が、ディズニーの新人研修で大量のメモをとった。そのなかで講師が強調していたのは、九九パーセントはいい客だが、本当の試練は、何もかもが最悪だといってどなりつけてくる、不機嫌な八人づれの家族に囲まれたときに訪れるということだった。新人キャストたちは、そうした客に怒りを向けたり、責めたりしないように教育される。怒れる家族が見舞われた悲劇を想像し（車が故障したとか、雨に降られたとか）、この怒りは（実際そうであるように）自分個人に向けられたものではないのだと考えるよう指導されるという。

キャストは、客からの嫌がらせも一過性のものだと心に留め、「（大半の客はいい人だから）こんなことで一日を台無しにすることはない」と自分に言い聞かせている。というのも、彼らが笑顔でいれば、そして全員をＶＩＰのように扱えば、ほかのゲストとは良好な関係が築けるし、たったいまどなりつけてきた客も態度をやわらげるかもしれないからだ。ルースの会社にいる嫌なやつの割合はディズニーランドよりも高かったが、ルースのとった楽観的な手法は、ディズニーのキャストが厄介な客に対処する方法と、それほど大差はないのである。

最善を望み、最悪を覚悟する

セリグマンの調査とルースの経験で見たように、悪い事態を楽観的にとらえることは、心身の健康を保つうえで有効だ。とはいえ、あなたが卑劣漢の長期的な被害者だとしたら、やたらと楽観主義を掲げるのは精神的にも危険なうえに、自尊心を脅かす恐れもある。根っからの卑劣漢でもいい人になりうるという信念は、失望を次々ともたらすレシピだ。ある日、すべてのクソ野郎がいきなり頭を下げて許しを請い、もしくは、せめて敬意をもって接してくれるようになるなどと期待すれば、失望といらだちのただなかへみずからを追い込むことになるだろう。

感情を研究している心理学者たちによると、幸福とは、「自分が期待するもの」と「現実に手にしたもの」との差を反映しているという。つまり、いいことばかりを期待してそれが思いどおりにならないと、その落差に苦しみつづける。ポイントは、ルースの例で見たように、卑劣漢がおこないを改めるなどと思わないことである。彼らのおこないに期待せず、無事に試練をくぐり抜けることだけを信じて過ごす。そうすれば、同僚の冷淡な悪意にショックを受けずにすむし、もし予想外に優しくされたときには、その瞬間だけを楽しんで、また冷たくされてもそういうものだと思えばいい。

期待値を下げ、上司が嫌なやつだと受け入れることの効果（と危険性）は、制作会社でアシスタントとして働くジェラルド・トーマスが『ギグ』に語ったインタビューに見ることができる。彼の仕事は、雑務をこなしながら、短気なハリウッドのプロデューサー（インタビューのなかではブラッドと呼ばれている）のために脚本を読んで評価することだった。ブラッドはジェラルドに、朝の六時半から夜の一一時まで働くよう求めたうえに、午前三時に電話をかけてくるのもしょっちゅうで、留守電に切り替わろうものなら容赦なく罵声を浴びせた。ジェラルドによれば、仕事は「絶え間ないストレス」で、ブラッドは「僕をいじめて、くだらないことで電話をかけてくる」。ジェラルドは一度、ブラッドとディレクターの内々のミーティングを（ブラッドがディレクターのために買ってこいといったたばこを届けようとして）邪魔してしまったことがある。激怒したブラッドは、ジェラルドに駆け寄ると〝首を絞めて〟どなった。「おまえ、脳みそ入ってんのか？」。そしてジェラルドが、指示どおり頼まれたものを届けにきたのだと説明すると、今度は〝両手で殴りつけて〟きたという。

ジェラルドがこの虐待を乗り越えられた理由のひとつは、期待値を下げていたからだ。ジェラルドは言う。「しょうがない。もちろん、ブラッドがどうなるのをやめて、もう少し親切にしてくれたらな、とは思う。でも、そんなのは現実的じゃないし、あの業界で聖人君子なんてやってたら、お金は稼げないから」。ジェラルドはまた、ブラッドが優しく、自分の意見に耳を貸してくれる瞬間に喜びを見出し、試練を乗り越えた先にある自分の未来を見つめることで、この状況に耐えていた。将来、ブラッドが自分の力になってくれるかもしれないと期待していたのだ。だが一方で、成功しない可能性も認めていて、冗談交じりにこんなことも言っている。「ここで我慢したあげくに、精神を病んでしまうかも」

ジェラルドの話が教えてくれるのは、クソ野郎の上司に期待せず、いいことに目を向け、最終的なビジョンに楽観的でいれば、悲惨な状況にも耐えられるということだ。良くも悪くもジェラルドは、前任者たちがみな逃げ出すような悪辣な状況に耐えてきた。ちなみに、ジェラルドが働きはじめるまでの四カ月で、ブラッドは一〇人のアシスタントを潰している。

感情を麻痺させる

組織生活では、情熱は過大評価され、無関心は過小評価される。この結論は、大半のビジネス書と相反するものだろう。というのも、ビジネス書は普通、仕事や組織、同僚、顧客に対する真の情熱が引き出す魔法の力を喧伝しているからだ。経営のエキスパート、トム・ピーターズは、二〇年以上にわたって職場とクライアントに対して、プライドと熱意をもってのぞむことの重要性について説いてきた。ＡＥＳ社の元ＣＥＯ、デニス・バーキは、従業員が楽しんで働き、いつでも気持ちが満たされるような職場の構築を提唱している。ジム・コリンズは大ベストセラー『ビジョナリーカンパニー２　飛躍の法則』（日経BP社）のなかで、〝A＋レベル〟の努力を惜しまない情熱的な〝Aレベルの人間〟だけを〝バスの座席〟に座らせるよう、リーダーたちに説いている。そして第３章で紹介したサウスウエスト航空は、嫌なやつを雇わない努力をするだけでなく、同僚や顧客、会社に対して熱意を持つよう、社員を教育している。

こうした情熱や献身、組織への帰属意識についての話は、よい職場で働き、尊厳と敬意を感じているなら、間違いなく正しい。だが、閉塞感と屈辱感を覚えるような仕事をしている多くの人にとっては、まったくもってナンセンスだ。どうにか日々をやり過ごし、家族を食べさせることだけが目的の彼らに、自分をごみのように扱う会社に貢献する気はさらさらない。自分の仕事に関心のない社員だらけの組織は、たしかに業績不振に苦しむかもしれないが、本書においては、それが従業員を粗末にしている結果ならば当然の報いである。

組織生活が醜い側面を露呈した場合、いくら懸命に努力して会社に貢献しようと頑張ったところで、搾取され、自滅するのがおちだろう。そういうときは、「無関心を決め込み、感覚を麻痺させよ」という自己防衛本能に従ってみてほしい。職場で侮辱されていると感じたら、仕事をしているふりだけして、できるだけ周囲のクソ野郎とかかわらず、なるべく楽しいことを考える。状況が変わるまでは、そうやってやり過ごすことだ。誰しも我慢が必要な場面に直面する。周りの状況に完璧に対処できる人などいないし、こちらにはどうにもできない威圧的なクソ野郎に汲々とすることだってある。だから仕事や会社、とくに嫌なやつに対しては、無関心になったほうが精神的にいい場合もあるのだ。「自分の魂を汚すものは追放せよ」とは詩人のウォルト・ホイットマンの言葉だが、ここには職場だけでなく、どんな場合においても、卑劣なやからに無関心を決め込むメリットがうまく集約されているように思う。

一部の研究者によると、他人の問題にふりまわされて生じる「燃え尽き症候群」を防ぐには、「一歩引いた関心」が有効だという。クリスティーナ・マスラックは、一歩引いた関心を「心の距離と思いやりを伴った、医療従事者にとっての理想で、客観的な視点を持ちやすい距離感」だと定義する。だがマスラックによると、医療従事者たちは、このバランスをとるのに苦労しているらしい。彼らは患者と真剣に向き合いすぎる（そして燃え尽きる）か、しょせん他人事だからとぞんざいにふるまうかの、いずれかに偏ってしまうという。要するに、心からの思いやりや、まったくの無関心はありえても、感情のこもらない思いやりや情熱を示すのは難しいし、そもそも不可能だということだ。

好きな同僚やクライアントや組織に思いやりを示せなくなったら、ひと息入れて新たなスキルを身につけよ、というサインである。もしくは、転職を考える時期かもしれない。しかし、単純に無関心を決め込むことが、冷酷な侮辱を受ける職場で生き残るための最善の方法になる場合もある。ルースの行為を思い出してほしい。彼女は山のような侮辱を尻目に、足を前にして急流に身を任せるイメージをひたすら思い描いていた。現実にはルースは席に座っていたが、想像のなかでは卑劣な同僚と距離をおき、彼らの意見に耳を貸さず、悪意ある言葉や仕草に惑わされることなく、別の世界で平和に過ごしていたのである。

小さな勝利を見つける

ささいなことを掌握できる能力は、悲惨で制御不能な出来事（たとえば自然災害や捕虜生活など）を生き抜くことのできる人々に見られる大きな特色だ。ジェームズ・ストックデール中将は、一九六五年から七三年まで北ベトナムの捕虜だった。中将は、自分と同じくこの試練を耐え抜いた捕虜のあいだに、ひとつの共通点を発見した。「スープを届けるために日に一回か二回しか扉が開かない独房に入れられて暗闇でひとり過ごしていると、やがて気づくのだ。獣になりたくなければ、なんらかの決まりごとを生活に取り入れなければならないと……大半の者にとって、それは祈りや運動や秘密のやり取りだった」。ストックデールをはじめとする生存者たちは、生きる糧となる無数の小さな行動を見つけることで生き延びた。祈りの言葉を唱え、あるいは腕立て伏せをし、あるいはほかの囚人にこっそりメッセージを伝える手段を見つけることで……。

何かをコントロールしているという感覚は――たとえどんなにささいなことであっても――人間に多大な影響を与えることが明らかになっている。介護施設で年配患者の調査をおこなったエレン・ランガーとジュディス・ロディンの説得力のある調査結果を見てみよう。患者グループのひとつは、スタッフが何もかも面倒を見てくれるレクチャーに参加した。そこでスタッフから観葉植物を渡され、面倒はこちらで見るからと告げられ、そのあとどの映画を鑑賞したいかを尋ねられた。もう一方の（似たような）グループは、自分の生活をコントロールすることの重要性を説かれたのちに、各自で観葉植物を世話するよう告げられ、それからどの映画が観たいか、何時に食事をとりたいか、いつ電話で知らせてほしいか、家具の配置はどうしたいかを尋ねられた。こうしたささいな違いは、大きな効果をもたらした。より大きな決定権を与えられた患者は、レクリエーションに参加する割合が高かっただけでなく、人生に対しても前向きで、一八カ月後には死亡率が五〇パーセント低下した。

同様に心理学者カール・ワイクは、〝小さな勝利〟を目指すのは〝大きな勝利〟を目指すよりも気楽で、はるかに効果的だと主張する。ワイクによれば、いっきに大きな問題を片づけようとすると、人は無謀な挑戦に圧倒されて動揺し、不安や無力感を感じてしまうという。小さな行動を起こすメリットは、目に見える効果を上げやすいという点にある。

ストックデール中将や介護施設の患者の例のように、自分が主導権を握っていると感じれば、絶望や無力感を軽減できるのだ。

ワイクはまた、大きな問題の大半は小さなステップの積み重ねでしか解決できないと論じている。世界の飢餓や環境問題を、魔法のようにあっという間に解決することはできないが、多くの人が正しい方向に、小さくとも前向きなステップを踏み出せば前進できる。また、苦労して手にした大きな勝利が強烈な反発を引き起こす恐れがある一方で、小さな勝利なら誰も気にかけないか、気づかれることさえないかもしれない。それでも小さな勝利を積み上げていけば、大きな勝利へとつながる可能性があるのだ。

クソ野郎だらけの職場で生きていくには、自分で制御できる小さな何かを見つけるのが先決だ。卑劣漢の毒をなるべく浴びないよう、ちょっとした安心と支えを確立しよう。ほかの仲間に手を貸すだけでも、精神的にはいいだろう。クソ野郎との戦争に勝てないなら、勝てそうな勝負を見つけることだ。小さな勝利が積み上がっていけば、それがやがて大きな力となり、クソ野郎促進法がはびこる組織を少しずつ「クソ野郎撲滅法」を推進する職場に変えていけるかもしれない。

クソ野郎になるべく会わない

ここで述べる戦略は、二つの点からクソ野郎のダメージを減らしてくれる。まず、嫌な視線や気の滅入る言葉を受ける頻度や度合いを制限することで、直接的なダメージが軽減される。次に、これまで見てきたように、どんな小さなことでも自分の手中にあるという感覚が、心身の健康を守ってくれる。最初に提案したいのは、敵から身を隠す場所を見つけることだ。とにかく彼らに近づかない。打ち合わせは手短に。ちなみに最近の研究によると、会議は椅子のない部屋でするといいらしい。ミズーリ大学コロンビア校でアレン・C・ブルードーンらが、短い打ち合わせ（一〇～二〇分）を立ったままおこなった五六人のグループと、座って打ち合わせをした五五人のグループを比較したところ、立ったままのグループは各自の割り当てを決める時間が三四パーセントも短く、決定内容に関しても、座って打ち合わせをしたグループと差がなかったという。

つまり、仕事の能率もさることながら、椅子のない部屋で打ち合わせをすれば、クソ野郎と顔を合わせる時間が三四パーセント減るということだ。会社としても、椅子のない会議室を用意しておけば、会議とクソ野郎対策にかかる時間を軽減できるうえに、椅子代まで節約できる。

また、クソ野郎との緩衝材として、現代のテクノロジーを利用するのも有効だ。たとえば、本章の冒頭で紹介したルースは、ときどき電話会議を利用してクソ野郎の群れから身を守っていた。電話なら嫌な視線も気にならないので、容易に心の距離をおくことができたし、ミュートボタンひとつでむかつくやからを遮断し、良識ある同僚の手助けをすることもできたのだ。とはいえ、メールや電話会議ばかりだと衝突が増え、信頼関係が希薄になりやすい。一緒に働いている人の顔や態度が見えず、表情や声のトーン、仕草、チームの雰囲気なども曖昧で、〝そこにあるもの〟の全体像がいまひとつつかめないからだ。そのため、メンバー同士のやり取りは消化不良で、概してネガティブなものになることが多い。

スタンフォード大学の同僚、パメラ・ヒンズとダイアン・ベイリーによると、衝突（とくに、怒りと敵愾心による意見の相違）は、直接顔を合わせる会議よりもメールや電話などのテクノロジーに仲介されたときのほうが生じやすく、信頼関係も低下するという。もしもあなたが、もっぱらメールや電話を使って働くグループに所属していて、メンバーがクソ野郎ばかりの気がしたら、テクノロジーはあなたを守るどころか、問題を大きくしている可能性がある。そういう場合は、直接、顔を合わせた打ち合わせで、相手の感じているプレッシャーを理解し、信頼関係を育んだほうがいいだろう。

ちょっとした安全と支援と正気を確保する

クソ野郎から身を隠し、まともな人々と過ごせる場所を見つけよう。そうすれば、嫌なやつらと会う機会が減ってひと息つけるし、彼らの嫌がらせにも多少は対処できるだろう。どこかの建物でも、部屋でもいい。たとえば、第1章で紹介した、無神経で意地悪な外科医に終始悩まされていた看護師たちは、医師が入ってこられない休憩室へ避難した。そこなら、話をしても、不満を漏らしても安全だったし、互いに慰め合うこともできたからだ。

安全地帯を見つけるほかの手段としては、被害者同士からなる秘密のネットワークに参加するか、みずから立ち上げてもいいだろう。ある大学の秘書グループは、冷血な学部長が一刻も早く大学を去るようにと「祈りの会」を結成し、何カ月間か定期的に集まっていた。学部長の身に、それほど残酷ではないが、それでも退任を早めるだけの悪い何かが起これぱよいと祈っていたのだ（ちなみに彼らの努力は報われることなく、この原稿を書いているいまも学部長は職にとどまっている）。いじめ野郎のルールが幅を利かせている職場のなかには、被害者が報復を恐れるあまり、こうした行為をタブー視する場合もある。だが、過酷なストレスを思えばリスクを冒す価値はある。

このような避難場所は、同情的な顧客やクライアントと話しているときなど、ちょっとした瞬間でも垣間見える。数カ月前、私はカリフォルニア州のモラガにあるロングス薬局のレジに並んでいた。そのときのレジ係は十代の若者で、仮にクリスとしておこう。彼が私の前に並んでいる客の応対をしているときに、店の電話が鳴った。だが接客中のクリスは電話に出なかった。一分ほどたったころ、隣のレジにいたスタッフがふり返り、クリスを険しい顔でにらみながらどなりつけた。「クリス、何してるの？　電話の音が聞こえないの？　さっさと出て！」。どなられて真っ赤になったクリスは、いまにも泣き出しそうだった。すると私の前に並んでいた女性が彼の目を見て、大きな声でこう言った。「クリス、あんなの気にしちゃダメよ。あなたはよくやってるわ」。それを聞いたクリスはおおいに安堵した様子で、ふたたび落ち着きを取り戻した。

同情的な同僚や顧客は、クソ野郎どもと働くストレスを緩和してくれる。「悪魔の巣窟作戦」でルースがしたように、被害者同士が卑劣漢の猛攻に耐える戦略を交換し合う際に、同情や励ましはとくに建設的だろう。ただし、誰かに悩みを打ち明ければそれで万事解決するわけではない。それどころか、諸刃の剣になることもある。ローレイ・キアシュリーとスティーブ・ハーベイがおこなった調査によれば、心理的虐待を受けている従業員が友人や家族や同僚や上司に助けを求めても、精神的によい影響はほとんどないという。社会的支援にあまり効果がないのは、話し相手の大半に、いじめや虐待を止める力がないからではないか、というのがキアシュリーらの考えだ。

さらに私は、会話や井戸端会議、また専門家のセラピーでさえ、有害になりうることを発見した。こうした集まりは、ときとして被害者が現状や己の無力さを嘆くだけの「愚痴の言い合い」へと成り下がってしまう。外部コンサルタントを招いて「燃え尽き症候群」についてのワークショップを開催していた病院で、私はこの現象を目撃した。このお粗末なセミナーは、まず、看護師たちがいかに医師に虐げられ、どれほどのストレスに悩まされているかの統計を示すことからはじまった。すると、それを知らされた看護師たちから不満が噴出し、無力感や絶望が広がった。というのも、講師が肝心の解決策（世界の見方を変える、小さな勝利を積み重ねる、そしてもちろん「クソ野郎撲滅法」を実施するなど）をちっとも提示しなかったからだ。

ひとりの看護師にワークショップの感想を尋ねると、こんな答えが返ってきた。「セミナーに参加する前はいつも気分がいいのに、終わると決まって滅入ってしまう。ずっと文句を言ってばかりで、自分の仕事がどんどん嫌いになっていく」。すでに触れたように、感情というのは非常に伝染しやすい。だから、職場のクソ野郎に対処するための場やネットワークをつくるなら、ストレスを軽減するような視点を持ち、小さな勝利を積み上げていくことに目を向けてほしい。断じて絶望を生み出したり、広げたりするような場にしてはいけない。

正しい戦いに挑んで勝つ

小さな勝利を積み重ねる作戦により、徐々に状況が改善されれば、ひょっとすると悪意のはびこる環境を少しずつでもいい方向へ変えていけるかもしれない。

これを達成するためには、小さいながらも心地よい勝利を常に求めることが重要だ。この戦法は、先に紹介した労働者のインタビュー集『ギグ』のなかでも――とくに好戦的な人間に対応するくだりで――くり返し登場する。彼らのなかには、怒っている人間を鎮めようと、静かに説得できる瞬間を待つ人がいる。刑務官のフランクリン・ロバーツは言う。囚人と接するときは「絶対に声を荒らげない。そんなことをすれば、相手は怒り狂ってどなり返してくるし……それこそ手がつけられなくなってしまう。でも、たとえそうなっても、大声を出してはいけない。やつらの前で絶対に取り乱してはダメなんだ。向こうがわめき出したら、こっちは小声で応じる。とにかく向こうのペースに乗らないように」。ロバーツの指摘どおり、たしかに囚人は危険だし、大声で威嚇してくることも多い。だが冷静さを保つことで、刑務官は徐々に敬意を勝ち取っていく。囚人から攻撃されるリスクが減れば、自然と罵声や脅しの言葉を浴びる機会も少なくなっていく。

私たちの大半は刑務官の職に就いているわけではないが、いらだった人々に対して冷静に毅然とした態度で応じるというロバーツのやり方は、職場のクソ野郎にも応用できる。

卑劣漢との会話中に、こちらがクソ野郎病に感染しないことを分からせれば、逆に相手がこちらの冷静さや優しさに感染し、少なくともあなただけには敬意を払うようになるかもしれない。

これに関連した作戦で、クソ野郎を「穏やかに再教育する」という手がある。相手にこちらの要求を優しく伝え、もしくは彼らの態度がよくない理由を冷静に諭すのだ。『ギグ』によると、ロサンゼルスのバスの運転手、ルピタ・ペレスは、いら立った一般市民を落ち着かせるのにこの方法を使っているという。たとえば、「あんた、運転するだけでお金がもらえるなんて楽でいいね」などと絡んでくる乗客に対し、ペレスは淡々と言葉を継ぐ。「そうですね、私たちの仕事は、あなたを含む乗客全員の安全を守ることのほかに、バスの状態や自分の体調を気遣って、歩行者や車のドライバーにも気をつけて……。お客さん、よろしければこのシフトを代わってくれませんか？　後ろに座ってちょっとゆっくり休みたいので」。結局、いら立った乗客は謝罪した。つまりペレスは「その乗客の目を開かせた」というわけだ。こうした小さな勝利は、被害者に自信を与えてその場の状況を改善してくれるだけでなく、地道に続けていくことで、やがては敵意の元凶（このケースでは失礼な乗客）を突き崩していける可能性も秘めている。

怒りをエスカレートさせずに再教育するというのは、比較的リスクの低い方法だ。というのも、たとえ失敗したとしても、こちらは攻撃をいなしているだけなので、相手の怒りを煽る可能性が低いからだ。一方で、リスクを伴うのはクソ野郎に真っ向から立ち向かったり、苛烈な報復をしたり、自分と同じ目にあわせたり、屈辱的な暴露をするようなやり方だ。攻撃はさらなる攻撃を引き起こし、その結果、ますます侮辱や個人攻撃を受けるはめに陥りかねない。また、権力者と戦えば、心の健康どころか職を失うリスクも生じる。だが、相手をじっくり見極め、適切なタイミングを選んだうえでやってみようと思うなら、小さくとも意義深い勝利を収められるかもしれない。

クソ野郎に報復するなら、まず、しかるべき好機を待つことだ。それからきっちり復讐をやり遂げる。私のお気に入りの報復話は、ボストンのラジオ局に勤めるプロデューサーから聞いたものだ。私と一緒に「職場の卑劣漢」という企画を進めていた彼女は、これまで出会ったなかで最悪の上司の話をしてくれた。その上司は「私の一〇〇倍ぐらい稼いでいるくせに」、絶えず「嫌がらせばかりして、こっちの私的な領域にまでずかずか入り込んできた」という。とくに頭にきたのが、そいつが彼女の机にやってきては、勝手に彼女のお弁当をつまんだり、お菓子を食べたりすることで、不快に感じてやめるように頼んでも、一向にやめようとしなかった。そこである日、彼女は便秘薬でチョコレートをつくり、〝チョコレート風味の下剤〟を机の上に出しておいた。すると案の定、その上司がやってきて、勝手にむしゃむしゃと食べはじめた。そして彼女がチョコの中身を教えると、顔色が変わったという。この報復行為は笑えるだけでなく、相手がぐうの音も出ない状況を選んでやり返したところに妙味がある。彼女の食べ物を勝手に盗んだ罰だと、上司も認めざるをえないだろう。

もうひとつの復讐法は、メリーランド州シルバースプリングにあるナショナル・レイバー・カレッジの校長を務める友人、スー・シャーマンが数年前に教えてくれたものだ。スーは一九七〇年代にミシガン州アナーバーでバスの運転手として何年か働き、最終的に労働組合のリーダーにまで昇りつめている。アナーバーのような比較的小さな街でも、バスの運転手たちは、しょっちゅう気の立ったドライバーともめている。スーが研修で新人運転手にまず教えたのは、「腕のいい運転手は〝本物の事故〟を起こしたことがない」ということだった。事故があったとしてもそれは、バカなドライバーに罰を与えるためにわざと起こすのだ、と。スーによれば、市バスの運転手は年に三回までなら事故を起こしても懲罰対象にはならないらしく、だから新人運転手にはこうアドバイスしたという。「そのうちの一回をクリスマスまで取っておくように。クリスマスは街中、バカ者だらけになるから絶対に報復したくなるはずよ」

バスの運転手という仕事は、とかくほかのドライバーと険悪になりがちだが、運転手側がそうした相手をやり込める手段は限られている。もちろん、バカどもに耐えかねて報復することなどめったにない。だが、いざとなったらできるという感覚は、精神の安定を保つうえで非常に重要だ。バスの運転手時代、スーは何度も安全賞を受賞し、実際、彼女が事故を起こしたことはほとんどない。だが、最近になってスーからこんなメールが届いた。「クソ野郎を罰することができるという甘い誘惑は、心理的に重要なよりどころだったと思う。そう考えるだけで、自分の怒りを制御するのに役立ったから」

仕返しについての最後の戦略は、たとえリスキーだとしても、うまくいけば非常に効果的なこの作戦を紹介したい。それは、卑劣漢のはったりを暴くことだ。威圧的な連中のなかには、やたらと強気な発言をする者もいるが、よくよく観察してみると（それこそずっと前に学校で見かけたいじめっ子のように）彼らがオオカミの皮をかぶった羊だと気づくことがある。ハーバード・ビジネス・レビュー誌のある読者は、そういうやからのはったりについて次のように記している。

もうひとつ言っておきたいのは、嫌な連中というのは、決まっておとなしい人たちをターゲットにするということです。以前働いていた社会事業団体に、ガキ大将ならぬ〝ガキ少佐〟がいて、まあ、これは彼が元海軍の少佐だったことにかけたジョークなのですが、とにかく、彼は弱気な人間をいたぶるコツを心得ていて、私も何度か標的にされかけました。ある日、いい加減うんざりしていたところに、ちょうど彼が突っかかってきたので、私は彼を冷たくにらみつけてこう言い放ちました。「今後またそんな口をきいたら、ここから蹴り出してやるから。私はいじめられるために給料をもらってるわけじゃないし、どんな侮辱も我慢するつもりはない」と。その後、彼からの嫌がらせはぴたりとやみました。

この読者は、非常に勇気のある人物だ。より安全なのは、ほかの人がクソ野郎に立ち向かったあとの経緯を見守ることだろう。たとえば、このケースのように、はったり野郎が引き下がれば、小さな勝利を手にできる確率は高いと言える。そしていじめの被害者がいっせいに立ち上がれば、卑劣漢は態度を変えるかもしれないし、うまくすると目の前から消えてくれる可能性もある。

まとめ――本当に逃げられないのか

職場のクソ野郎に悩まされているなら、ダメージを最小限に抑える方法はある。まず、自分に非はないという視点で状況をとらえ、同時に、（その悪意が）魔法のように消えるわけでもないのだと理解すれば、心身が受けるダメージは軽減する。また、卑劣漢や悪辣な組織を関心の外におき、小さな勝利を求め、勝てる見込みのある勝負をしてみるのもいい。そして悪意を地道に取り除いていけば、やがてほかの人たちもあなたに賛同し、結果、誰にとってもいい方向へと大幅に物事が改善されるかもしれない。私が本章を記したのは、経済的、あるいはすぐに逃げ道が見つけられないなどの理由で、多くの人がクソ野郎の群れに閉じ込められているからだ。それにもちろん、誰しもクソ野郎に耐えなければならないときがある。

　だが、ここで示した考えには悪い一面もある。クソ野郎から身を守る方法を（あるいは身を守れるという錯覚を）学んだ人々が、逃げるチャンスがあるにもかかわらず、劣悪な状況にとどまりかねないという点だ。たとえば、私が心配しているのは、『ギグ』のなかでプロデューサーのブラッドによる日常的な虐待に耐えていると語っていたジェラルドだ。ジェラルドの驚異的な精神力と回復力は、ブラッドに間違ったメッセージを伝えかねない。金持ちで、これほどの仕事をしている者なら、下の者を侮辱しようが虐げようがかまわない、と。ジェラルドは「ここで我慢したあげく、精神を病んでしまうかも」と冗談を言っていたが、本当にありそうで、正直に言って笑えない。もしもあなたがジェラルドと似たタイプで、期待を最小限に抑え、小さな勝利で満足できる素質を備えすぎているとしたら、嫌な上司や組織から逃れられない可能性がある。

　もっともジェラルドは、ボスのように金や権力や名声を手に入れられるのなら、クソ野郎病に感染したところで気にしないのかもしれないが。個人的には、真のクソ野郎は、すべてにおいて間違っていると思っている。私は彼らを憎んでいるし、うっかり自分がそうなってしまったときのことを（ほとんどの場合）恥ずかしく思っている。クソ野郎は圧倒的に有害である。だが残念なことに、次の章では、クソ野郎になることの利点を紹介していく。

第6章

クソ野郎の利点

実を言うと、この章を書くのは気が進まなかった。だが、賢明な私の友人たちが、絶対に必要だと言い張った。クソ野郎の利点にも触れなければ、この本は青臭いだけの中途半端なものになってしまうぞ、と。しかも、真のクソ野郎だからこそ成功した人の実例まで次々に出してきたのだ。

実例その一は、アップル社のＣＥＯにしてピクサー社の元ＣＥＯ、そして（ピクサーをディズニーに売却したあとは）ディズニーの筆頭株主にもなったスティーブ・ジョブズ。彼は、フルネームがスティーブ・〝クソ野郎〟・ジョブズなのではないかと疑いたくなるほどのクソ野郎だった。ためしに「スティーブ・ジョブズ」と「クソ野郎」でグーグル検索してみたところ、八万九四〇〇件もヒットした。そこで私は、エンタメ業界とハイテク業界の関係者に、ジョブズに「匹敵するクソ野郎」は誰かと聞いてみた。ちなみにこれらの業界を選んだのは、ジョブズの会社がどれもこの二つに属していたからだ。そのときによく名前が挙がったのは、ディズニーの元CEOのマイケル・アイズナーだったが、「マイケル・アイズナー」と「クソ野郎」で検索してもヒット数は一万一一〇〇件とジョブズには遠く及ばず、ハイテク業界の気難し屋、オラクル社の「ラリー・エリソン」と「クソ野郎」の組み合わせにいたっては、たったの七五〇件しかヒットしなかった。

ジョブズにまつわる恐ろしい（そしておもしろい）エピソードを知りたければ、かつて彼の下で働いていたスタッフから直接聞くといい。二〇〇三年、アップル社の元社員一三〇〇名が一堂に会した。そのときの様子をまとめたワイアード誌の記事によると、ジョブズ不在でおこなわれたその会でもやはり話題の的はジョブズで、彼の長ったらしく厳しい説教や癇癪の話でもちきりだった。参加者のひとりによると、「社員なら誰でも、ジョブズのクソ話をひとつは持っているはず」だという。スタンフォード大学がアップル本社に近いこともあり、私自身もこれまで彼に関するさまざまなエピソードを耳にしてきた。たとえばあるマネジャーからは、ジョブズが、いまはなきコンピューター会社ネクストで代表を務めていたころに起こした癇癪について（実際にことが起こった数日後に）聞かされた。彼によると、ジョブズはいきなりわめき散らし、社員を恫喝しはじめたという。理由はなんと、ネクスト社の新しい社用車の色が、会社の工場の外観に使われている白と微妙に違っていたから。ネクスト社の製造責任者は、ジョブズをなだめるために、貴重な時間（と多額の資金）を投入して、すべての社用車を工場の壁とまったく同じ色に塗り替えさせなければならなかった。

だがそんな話をする人たちも、ジョブズについては決まって、「あれほど想像力豊かで、しかも決断力と説得力を兼ね備えた人はほかにいない」と評価する。しかも、「ジョブズは部下のやる気とクリエイティビティーを引き出すのが抜群にうまかった」と異口同音に語るのだ。たしかにジョブズの癇癪は、多くの人を怒らせ、遠ざけたかもしれない。けれど、そういう側面は、彼の成功――言い換えれば、完璧を追求する姿勢や、美しいものに対する飽くなき欲求――には欠かせないものだった。ジョブズ嫌いの人でさえ、こんなふうに言うほどだ。「世の中には、多少問題があっても許されるクソ野郎もいる。その証拠がジョブズじゃないか？」

個人的には、たとえどれほど優秀であろうと、ジョブズのような人間とは働きたくない。だがたしかに、クソ野郎が常に有害だと決めつけるのは早計だったかもしれない。だから、この章ではやはり、クソ野郎にもいいところがある、という点について書こうと思う。ただし、この考え方は誤解を招くかもしれず、危険をはらんでいるということも忘れないでほしい。ともすれば、嫌なやつらが他人をおとしめることを正当化し、自賛するための武器を与えることにもなりかねないからだ。

卑劣さの使いどころ

権力と名声を手に入れる

さまざまな研究によると、私たちは、「権力者が弱い者にいばりちらすのは当然」だと思っているらしい。また、攻撃性を示すことが周囲の人間を支配するときに役立つという証拠もある。物事がうまくいっているときには自分の手柄だと自慢し、うまくいかなくなると下の者のせいにして怒りをぶつける、そんな権力者像を無意識のうちに求めているのだ。序列の最下層にいる人は、おべっかを駆使しておもねったり、状況が悪化したときには上の者に頭を下げたりして、不安定な足場をどうにか安定させようと四苦八苦している。

男女を問わずボスザルタイプの人が傲慢な態度をとる理由のひとつは、周囲がそれを見逃し、ともすれば微妙に焚きつけてさえいるからだろう。スタンフォード大学のララ・ティーデンズらの研究によると、この社会ではへつらったり相手を切り捨てたり——怒りや非難を戦略的に用いたほうが、他人を蹴落とし、より高みへとのし上がっていけるという。これを証明したティーデンズの実験がある。ときは米国上院議員がビル・クリントンの弾劾について話し合っている最中のこと。ティーデンズは被験者にクリントン大統領の最近の映像を二種類見せた。ひとつは、クリントンがモニカ・ルインスキーとのセックス・スキャンダルについて怒りを露わにしている映像。もうひとつは、意気消沈している映像だ。すると、怒っているクリントンの映像を見た被験者のほうがクリントンの続投を許す傾向が強く、処罰も軽めにして弾劾も不要だとした。つまり、クリントンから権力を剥奪すべきでないと主張したのだ。この実験をはじめとする多くの研究結果から、ティーデンズはこう結論づけている。怒っている人は「好感が持てず、冷たい」印象を与えるが、癇癪、暴言、威圧的な視線、人を指さすような激しい手の動きなどの怒りを用いた戦略は、「その人物の有能さを印象づける」。

さらにリーダーシップの研究によると、にらむ、相手を見下すような発言をするといった目立たない行為から、人をバカにする、肉体的な攻撃をするといったあからさまな侮蔑行為までもが、権力への道につながることがあるという。スタンフォード大学の同僚、ロッド・クレイマーは、ハーバード・ビジネス・レビュー誌のなかで、「人を威圧するタイプ」の人間が、相手をにらんだり、こき下ろしたり、嫌がらせをしたりといった卑劣な行為をどのように用いて権力を手にし、拡大していったかを示している。その例として挙げられているのが、アメリカの元大統領リンドン・B・ジョンソン、ヒューレット・パッカード社の元CEOカーリー・フィオリーナ、ミラマックス社の設立者ハーベイ・ワインスタイン、ディズニーの元CEOマイケル・アイズナー、そしてもちろんアップル社の元C

EOスティーブ・ジョブズである。クレイマーは、ジョンソン元大統領がいかに同僚の政治家をよく観察し、侮辱や癇癪を戦略的に用いて不安を煽ったかを説明し、フィオリーナが恐れられ、尊敬されていたのは、「にらみを利かせる」のがうまかったからだと記している。

クレイマーの論文『ザ・グレート・インティミデーターズ』のなかで、映画プロデューサーのハーベイ・ワインスタインは、乱暴で声が大きく、挑発的な威圧者で、まるで針毛をさか立てて怒りを表現するヤマアラシのように、怒りを意図的に用いて権力をふりかざす達人として描かれている。二〇〇二年のニューヨーカー誌に、ワインスタインが、自分の手がけた映画『イン・ザ・ベッドルーム』とアカデミー賞を競っているユニバーサルの映画『ビューティフル・マインド』のネガティブ・キャンペーンを打ったと噂され、激怒したときの様子が描かれている。噂を流したのはユニバーサルのCEO、ステイシー・スナイダーに違いないと決めつけたワインスタインは、パーティーの席でスナイダーに詰め寄ると、激しく罵倒しはじめた。記事を書いたケン・オーレッタによると、「小柄なスナイダーにとって、腹の突き出たひげ面のワインスタインが目をぎらつかせて詰め寄ってくる光景は、恐怖以外の何ものでもなかった。彼はスナイダーの目の前に指を突きつけると『このツケは払ってもらうからな!』とどなった」という。結局、ワインスタインはスナイダーに謝罪したものの、このように計算された恫喝や怒りは、五〇以上ものアカデミー賞受賞作品を生み出した彼のハリウッドでのキャリアに間違いなく貢献していると、クレイマーは確信している。

クレイマーは、こういう「人を威圧するタイプ」は、自分の気分をよくするためだけに威圧的な手段をとっているわけではないので、厳密にはクソ野郎ではないという。だが、私はそうは思わない。自分より倍も体の大きな者が詰め寄ってきて、脅すような仕草をしながら叫んだら、私の知るどんな専門家も、それは立派ないじめだと言うはずだし、私もそいつは立派なクソ野郎だと断言する。ともあれ、そんな相手をなんと呼ぼうと、人を威圧する能力――またはそういう嫌がらせに耐える能力――は、ハリウッドで生き残るために必要不可欠なスキルであるらしい。

さて、クレイマーは威圧の力に注目しているが、クソ野郎的な態度には、ほかにも出世に役立つ利点がある。それは「他の人より賢く見える」ということだ。数年前、ジェフ・フェファーとともに大手金融機関の調査をしているときに、私は多くの人がこの利点を使って権力を得ようとするのを目の当たりにした。〝賢い行動〟よりも〝賢い発言〟が重視されるその場所では、相手や相手の意見をこき下ろすこと（インテル社なら「破壊的な衝突」とでも言われそうだ）が、〝椅子取りゲーム〟の一部になっていた。この手の攻撃は上司の前でおこなわれることが多く、下の者はライバルを痛烈に（ときには個人攻撃すれすれのレベルで）批判することで序列から引きずり下ろし、のし上がっていくのである。

ハーバード大学のテレサ・アマビールが、ジャーナル・オブ・エクスペリメンタル・ソーシャル・サイコロジー誌に寄せた論文『ブリリアント・バット・クルーエル』からも、こうした汚い椅子取りゲームが横行する理由が見えてくる。アマビールがおこなったのは、書評を使った実験だ。被験者に、意地悪な書き方の書評と穏やかな書き方の書評を読ませたところ、ネガティブできつい批評を書いた評者は、同じ内容を感じよく書いた評者に比べると、好ましくはないものの、より知的で説得力に富み、もっともらしい印象を与えると判明したのである。

ライバルを威嚇し、制圧する

ロッド・クレイマーの研究からも分かるように、トップの座に就いたり、その座を守ったりするためには、脅しや威嚇が役立つことがある。ヒヒのオスが地位を維持するために仲間をにらんだり、押しのけたりするのと同じく、人間もまた、地位を勝ち取り維持するために、他人を虐げている。とくに日常的に暴力をちらつかせるような環境では、支配権を得るために、脅しや威嚇が頻繁かつ効果的に使われている。映画『ゴッドファーザー』やドラマ『ザ・ソプラノズ 哀愁のマフィア』などで、マフィアやそのボスが、脅しや暴力を駆使して人を支配しているのを見たことがあるだろう。実は私の父は、あれがフィクションではないことを身をもって知ったという。一九六〇年代の初期、父はシカゴでパートナーと一緒に、ボーリング場やレストランにキャンディーやたばこの自販機を設置するビジネスをはじめようとした。しかし当時、足のつきにくい現金ビジネスだった自販機事業は犯罪組織に牛耳られていて、父とパートナーは、手を引かないと痛い目にあうと脅された。父はあきらめて、もとのコーヒー配達の仕事に戻ったが、パートナーは脅しに屈せず抵抗した。だが、しばらくして両足の骨を折られて、やはり手を引こうと決めたのだった。

スポーツの世界、とくにフットボール、ボクシング、ラグビーなど、身体面で相手を圧倒することが勝利に直結する競技では、威嚇もプレーの一部と言える。その一方で、野球のように身体的接触が少ない競技でも、威嚇が役立つことがある。アメリカ野球殿堂入りを果たした外野手、タイ・カッブも威圧的な態度をとることで有名だった。アーネスト・ヘミングウェイは、辛辣かつ的確にカッブを評した。「タイ・カッブは比類なき野球人にして最低のクソ野郎」だ、と。一九〇四年から二八年まで選手として活躍したカッブは、通算四〇〇〇本以上のヒットを放ち、生涯打率は三割六分七厘を誇る。しかし彼は相手チームの選手に怪我をさせるばかりか、フィールドの内でも外でも誰かれかまわず喧嘩をふっかけることで悪名を馳せていた。伝記作家アル・スタンプは、カッブの走塁の様子をこう表現している。「どけ、さもないと痛い目にあわすぞ」。二塁にスライディングしてきたカップを止めようとしたビル・バーボー選手も、その被害にあったひとりだ。「疾走してきたカップは、バーボーの膝にスパイクを向けて突っ込んだ。バーボーはあおむけに倒れ、握りしめていたボールは手からこぼれて外野へと転がった。結局、カップはセーフ。バーボーは足に裂傷を負い、決勝点が入った」

もちろん、読者のみなさんの多くはマフィアのボスでもプロのアスリートでもないだろう。しかし、会社組織のなかでも、威圧的な人に対処しなければならないケースは多い。ここでふたたびスティーブ・ジョブズの登場だ。マッキントッシュ開発チーム初期の主要メンバーだったアンディ・ハーツフェルドが、著書『レボリューション・イン・ザ・バレー——開発者が語るMacintosh誕生の舞台裏』(オライリージャパン)で紹介しているエピソードを見てみよう。一九八一年、ジョブズは、アップル社のライバルだったオズボーン・コンピューター社のCEO、アダム・オズボーンに電話をかけた。

「スティーブ・ジョブズだが、アダム・オズボーンをお願いしたい」

秘書はスティーブに、オズボーン氏は外出中で翌朝まで戻らないため、メッセージがあれば伝えると申し出た。

するとスティーブは、しばらく間をおいてからこう言った。

「じゃあ、こう伝えてほしい。このクソ野郎、って」

秘書が二の句を継げずにいると、スティーブはさらに続けた。「それからもうひとつ。アダムはマッキントッシュに興味があるらしいね。すばらしい製品だから、そのうち子どもたち用にも二、三台買うことになるだろうよ、って伝えてくれ。で、いずれはあんたの会社は潰れるはめになる、ってな！」

ジョブズの預言は的中し、この数年後、オズボーン・コンピューター社は廃業することになる。

恐怖によってパフォーマンスと完璧主義を引き出す

誰しも、罰を受けたり公衆の面前で恥をかいたりするのは避けたいものだ。その恐怖心はときに、強力な原動力になる。著名な心理学者、Ｂ・Ｆ・スキナーなどは、褒賞ほどの効果はないにしても、人は罰を避けるために働くと主張しているし、アービング・ゴッフマンをはじめとする名だたる社会学者も、面目を保つためなら人はどんな苦労も惜しまないとしている。

歴史に名を刻む著名なリーダーの多くは、罰や侮辱の恐怖を部下に刷り込み、効果的に利用してきた。ロッド・クレイマーによると、勇猛果敢で知られる米国陸軍のジョージ・

S・パットン大将は、できるだけ恐ろしい表情をつくるために、鏡の前でしかつめらしい〝大将の顔〟の練習をしていたという。パットンの部下が懸命に戦ったのは、彼の怒りを恐れていたのと同時に、尊敬するパットンを失望させたくなかったからでもある。さらに、フランシス・クリックと共同でDNAの分子構造を発見したノーベル賞受賞者のジェームズ・ワトソンは、「全方位に侮蔑的な言葉をまき散らして」ばかりで、「相手を気遣ったり礼儀正しい会話をしたりすることとは無縁。冷酷でさえあった」という。ライバル科学者を「想像力の足りない単細胞」と呼んで威圧しつづけたワトソンだが、そんな彼から刺激を受けて、立派な科学者に育った者も少なくない。ある教え子によると、「先生が、ぼくらの恐怖心と疑心暗鬼を絶妙に利用して、尻をひっぱたいてくれた」からだという。

クソ野郎的な性質を効果的に利用するリーダー、政治家、科学者の大半は、四六時中、嫌なやつなわけではない。罰や侮辱という「ムチ」だけではなく、たまに褒めたり温かい言葉をかけたりという「アメ」を与えることで、部下や教え子を動かしている。すでに紹介したボブ・ナイトも、日ごろから選手をいたわり、励ましていた。ナイトのような、選手（部下）をけなしたりなじったりすることで悪名高いリーダーが――ときおり褒めたり温かい言葉をかけたりすることで――選手（部下）のやる気と忠誠心を引き出せるのは、この、心理学界ではすでにおなじみの「コントラスト効果」のおかげといえる。

また、「いい警官と悪い警官」の研究によると、優しい警官と怖い警官が二人で聴取したとき、またはひとりの警官がその二役を演じ分けたときのほうが、犯罪者が罪を告白する確率が高く、取り立て屋がこのテクニックを使えば、債務者が借金を支払う傾向も強まるという。どちらかひとりを相手にするよりも、二人のギャップがあったときのほうが、悪い警官の脅しはより怖く感じられ（罰や屈辱がより強調され）、いい警官のほうは、親切でもの分かりがよさそうに見える（そのため、ついつい喜ばせたくなる）。ナイトも、ときに厳しく、ときに優しく接することで、両方の効果を増幅させているわけだ。そのおかげで選手は、監督の怒りを買わないように、そしてまた、褒められるために全力を尽くすのである。スティーブ・ジョブズと働いていた人々も、これと同じモチベーションに突き動かされて、完璧を追い求めていたのだとクレイマーは指摘する。ジョブズは社員（と自分）に絶大な信頼を寄せていて、その信頼を裏切られると、これでもかというほど強い不快感を示した。ピクサー社の元社員は、こう語っている。

「とにかく彼を失望させるのが怖かった。あれだけ信頼されたら、期待を裏切るなんて耐えられないですよ」

不公平で、無知で、怠惰な者の目を覚ます

あなたが「真のクソ野郎」でなくても、また日ごろからそういう連中を忌み嫌い、避け

ているとしても、求めるものや受け取るべきものを手に入れるためには、一時的にクソ野郎を演じたほうがいいときもある。不平不満を言わない穏やかな人は、一緒にいて心地よい。しかし、踏みつけられても文句も言わないドアマットのような人は、意地悪な人、無神経な人、貪欲な人につけ込まれやすい。大きな声で騒ぎ立てる人のほうがいい目を見る例は、枚挙にいとまがない。

たとえば、保険会社に医療費の支払いを拒否されたときに文句を言わなければ、保険会社が考えを改めて支払ってくれる可能性など、まずない。だが文句を言えば報われる。ランド研究所とハーバード大学の最近の共同研究によれば、救急外来の治療費の支払いを保険会社に拒否された患者が起こした四〇五件の訴えのうち、九〇パーセントは最終的に支払いを受け、その額は平均して一一〇〇ドルだったという。

もちろん、当然の権利を主張して相手の目を覚まさせるときも、まずは礼儀正しく切り出したほうが、相手とあなた、双方の精神衛生上いいだろう。だが、どうしても埒が明かず、あえて意地悪な言い方をしたり、癇癪を爆発させたりするしか道がないときもある。

一九九〇年代、私は電話で支払いの催促をする業務について研究していた。取り立て人の話ぶりを何時間も聞き、一週間のトレーニングを受けてから、私自身、ビザやマスターカードの支払いが滞っている人に電話をかける業務を二〇時間ほどおこなった。

この回収会社では、電話の相手が敵対的な態度をとった場合、こちらが厳しい取り立て屋になる必要はないという教育を受けた。そういう相手はすでに動揺しているので、とにかく落ち着かせ、支払いに意識を向けさせるほうがいい。逆に、のんびりかまえすぎていたり、滞納に無頓着な相手には、厳しい取り立て屋になれと教わった。熟練の取り立て人は、相手が支払いの遅れを「真剣にとらえていない」場合、厳しい口調でこう迫る。「将来家が欲しくないんですか？　車は？　欲しいならすぐに支払ったほうが身のためですよ」。優秀な取り立て人は、穏やかでのんびりした債務者に対してこそ、わざと意地悪な口調で迫る。相手に、事態が差し迫っていることを伝え、緊張感を与えるためだ。

また、何を言っても話が通じない相手に出くわす例もある。たとえば、二〇〇五年夏、私が家族とイタリアのフィレンツェを旅行して、帰国の途についたときのことだ。私たちはエールフランス航空の便に乗り、パリで乗り継ぎをすることになっていた。しかし、フィレンツェの空港に着くと、エールフランスのカウンターにいた職員に、パリからサンフランシスコまでの搭乗券はここでは発券できないと言われた（のちにほかの職員から、本当は発券できたはずだが、たぶん面倒くさかったのでしょうと説明された）。しかも、パリまでの飛行機がひどく遅れたので、私たちはわずか三〇分弱のあいだにパリの巨大な空港内を移動し、セキュリティチェックを何度もくぐり、五人分の搭乗券を手に入れなければならなかった。

どうにか乗り継ぎカウンターへ到着したのは、出発の一五分前。カウンターの後ろにはおそらく八人ほどのスタッフがいただろうか。カウンターに並ぶ乗客はほかには見当たらず、スタッフ同士で何やらおしゃべりをしている。しばらくは向こうが気づいてくれるのをおとなしく待っていたが、数分後、私は妻と子どもにふり向いてこう言った。「仕方ない。これから大きな声を出すけど、向こうが仕事をはじめてくれたらすぐに黙るから」。そして私は、搭乗まで時間がないことや、職員の対応があまりにひどいことを訴え、何よりいますぐ発券してもらわなくては困るとどなった。それこそ聞き苦しいほどの大声だったと思う。ようやく真剣に応対をはじめた職員たちは、そこで本当に時間がないことに気づき、慌てふためいたのだった。彼らが動きはじめると私は口を閉じ、カウンターから離れて子どもたちに謝り、ああするしかなかったのだと説明した。そして、以降の職員とのやり取りは、穏やかで礼儀正しい妻にまかせた（「いい警官と悪い警官」作戦のようなものだ）。すぐに搭乗券が発券され、職員はゲートを指さしてこう言った。「全力で走ってください。そうすればまだ乗れるかもしれません」。私たちはぎりぎり搭乗時間に間に合った。

いまふり返ってみても、あのときのエールフランス職員の態度を改めさせるのに、ほかにどうすればよかったのか分からない。こちらがどなりはじめるまで、彼らは完全に私たちを透明人間扱いしていたのだ。

まとめ——利点はある。ただし多くは危険な思い込み

遺憾ながら、たしかにクソ野郎的ふるまいが役に立つことはある。内に秘めたクソ野郎を解き放つことで、ときに力を得たり、ライバルを打ち負かしたり、恐怖心を利用してチームのパフォーマンスを向上させたり、無能な連中の目を覚まさせたりすることができる。それにクソ野郎に仕返しするのは痛快だし、気分も上がる。

ほかにもこんないいことがある。忙しかったり、誰とも会いたくなかったりしたときに、にらむ、うなるなど、とにかく不機嫌さをアピールすれば、邪魔者を追い払うことができるのだ。私自身、前々から気づいていたことがある。訪問客を邪険に扱う教授が自分のオフィスで悠々と仕事に勤しむ一方で、不意の訪問客でもいつも笑顔で迎える教授は、ひっきりなしに学生やスタッフや同僚に仕事の邪魔をされているのだ。ここでも「いい警官、悪い警官」のテクニックは有効だ。数年前、一緒に本を執筆することになった女性は、私のオフィスで仕事をしているときに学生が入ってくると、腕を組んだまま、あからさまににらみつけるのが常だった。すると空気を読んだ学生は、そそくさとオフィスをあとにする。彼らがふたたび扉をノックすることはほとんどなかった。彼女の攻撃的な態度のおかげで、私は学生たちからいい人だと思われたまま、仕事を片づけることができたのだ。

ここで本章のまとめをリストにしておく。自分や組織のためにあえてクソ野郎になりたいと思ったら、これを参照してほしい。だが、くれぐれも気をつけていただきたい。この章で述べた内容は、そもそも危険である。最低の連中が、自分の卑劣さを正当化、美化するために利用するかもしれない。そして数々の証拠が示すように、クソ野郎、とくに真のクソ野郎は、圧倒的に有害なのだ。

有能なクソ野郎になるには

1 **怒りや意地悪な態度は、権力を手に入れて、それを維持する有効な手段である。**同僚を押しのけて頂点に立つには、悲しみではなく怒りを表に出すこと（ジョージ・S・パットン大将のように〝大将の顔〟を極めてもいい）。

2 **意地悪な態度や脅しは、ライバルを打ち負かすときにとりわけ効果を発揮する。**野球界の伝説タイ・カッブにならって、敵を威嚇し、どなりつけ、けなし、怯えさせること。

3 **相手のやる気を引き出すためにけなすときは、励ましや称賛をセットにする。**アメとムチを交互に与えることで、ムチはより鋭さを増し、アメはより甘くなる。

4 **「双極のタンデム体制」で挑む。**自分は人当たりがよくないと思うなら、相手をなだめたり、あなたの尻ぬぐいをしたり、人の厚意を引き出したりするのが得意なパートナー（いい警官）と組む。お人よしは、〝嫌なやつ〟になってくれる人、たとえばコンサルタントや派遣マネジャー、弁護士に頼るといい。

5　四六時中クソ野郎ではうまくいかない。有能なクソ野郎は、毒を吐くべきときを心得ている。侮辱や攻撃が効力を発揮したら、すぐさま態度を切り替えること。

たしかに成功したクソ野郎はいるが、クソ野郎にならないと出世できないわけでも、会社を成功に導けないわけでもない。事実、人格者のなかにも成功した人は大勢いる。たとえば、プロクター&ギャンブル社のＡ・Ｇ・ラフリー、シスコ社のジョン・チェンバーズ、ヴァージン・グループのリチャード・ブランソン、ゼロックス社のアン・マルケイヒー、そしてオプラ・ウィンフリーや、礼儀正しき稀代のスーパースター、エルヴィス・プレスリーなどもそうだろう。それに最近は、悪名高い企業家たちが次々に失脚している。少なくとも原因の一端は、その卑劣なやり口にあるだろう。ディズニーのマイケル・アイズナーしかり、ワーナコ社のリンダ・ワックナーしかり、サンビーム社のアル・ダンラップしかり。

一般的に、恐怖で社員を抑え込むのではなく思いやりを大切にしている企業は、競争力が高い。人材流出による経費が少額ですむうえに、意見交換も活発で、内輪もめで混乱することも少ないからだ。しかもそういう会社は、社員一人ひとりに敬意を払い、有能で人間味のあるマネジャーを育て、社員が自分や家族を大切にできるよう時間と資金を提供し、できるかぎり解雇はせず、新たなことに挑戦し、失敗もオープンに話し合う。また、フォーチュン誌の「働きがいのある会社ベスト一〇〇」に選ばれる企業は、単に優れた財務実績を上げているだけでなく、人を大切に扱うことで長期的な利益につなげている。こうした見解は、ラトガース大学のマーク・ヒューズリッドや、スタンフォード大学のチャールズ・オライリー三世、ジェフリー・フェファーをはじめとする、一流の研究者によって証明されている。

だが、ここで難題が持ち上がる。クソ野郎的ふるまいは愚かだというのがこれほど明白なのに、なぜ多くの人がそんな行動をとり、しかもそれが効果的だと信じてしまうのか？私が思うに、多くの判断を求められる複雑な会社生活を送るなかで、目が曇ってしまっているのではないだろうか。自分、または周りの誰かがそんな状態かもしれないと思ったら、一九四ページの「クソ野郎が勘違いする理由」リストを参考にしてほしい。勘違いには、大きく分けて三つある。

第一の勘違い、それは、「クソ野郎になることこそ成功のカギである」というもの。実際のところ、大半の人はクソ野郎になったから成功しているわけではないのである。どうしてこんな勘違いが起きるのかというと、多くの心理学研究が示しているように、人間は、自分の思い込みを裏づけるような事実を求め、自分の信念に反する事実は忘れやすいからだ。プロのアイスホッケーにまつわる興味深い実例がある。ホッケー界では、激しいプレーをすればするほど相手を心身ともに萎縮させて、自分のチームを勝利に導けると広く信じられている。だが一九八七年から九二年にかけてＮＨＬ（ナショナルホッケーリーグ）の四〇〇〇を越える試合を調査した結果によれば、ラフプレーの多かったチーム（反則をとられた数で判断）ほど、負ける確率が高かったという。とはいえ、乱闘はある意味チームに必要なのかもしれない。ドン・チェリー（カナダで有名なホッケーの実況アナウンサー）がニューヨーク・タイムズ紙に寄せた記事に、こんな一文がある。「選手はラフプレーが好きだし、ファンもコーチも好きなのだ」。しかし、ホッケー界でどう信じられていようと、ラフプレーが少ないチームの勝率のほうが高いのである。

二つ目は、「権力を手にするための戦術を、チームや会社を導くための戦術と混同してしまう」ことだ。これまで見てきたように、とくに競争や腐敗がはびこる職場では、人を威圧し、おとしめることで優位に立てることが分かっている。しかし、チームや組織が機能するかどうかは、内外の信用と協力を勝ち取れるかどうかにかかっている。リーダーが部下をぞんざいに扱い、取引先企業や納入業者、顧客を味方ではなく敵とみなしていたら、その組織は窮地に陥るだろう。卑劣な裏切り者は、地位を手に入れるために他者を押しのけ、汚い行為で自分の地位を守る。だがそうしたやり方を改めないかぎり、一流組織に必要な信用や協力を得るのは難しいだろう。

三つ目の勘違いは、何度もクソ野郎の被害にあってきた人が、残忍で悪意に満ちた行為から自分の身を守ろうと築く防護壁のせいで生まれる。この壁のせいで、クソ野郎は、自分が相手に与えた被害を確認できなくなってしまう。過去に被害にあったことのある人は、クソ野郎の怒りから逃れるために、いい知らせと悪い知らせがあるときも、いい知らせだけを伝えてあとは黙っていたり、隠したりするようになる。そのせいでクソ野郎は自分が有能だと錯覚してしまう。また、被害者は、クソ野郎が見ているときには形だけ取り繕うようになる。クソ上司が近くにいるときには熱心に働くが、いなくなったとたんに、やる気のない人間へと姿を変えるのである。彼らの働きを見たクソ上司は、自分が発破をかけているおかげだと思い込むが、実際、働いているのはその瞬間だけなのだ。さらに、クソ上司の管理下におかれたことのある人は、組織のために働くよりも、非難や侮辱や仕返しをされないことに神経を注ぐようになる。

クソ野郎が牛耳る組織の外にいて、クソ野郎対策を身につけている人のなかには、その状況をうまく利用する人もいる。「クソ野郎課税」がいい例だ。何人かの経営コンサルタント、コンピューター修理業者、配管工に話を聞いたところ、嫌な依頼人には特別料金を課すという(ちなみに課された本人はたいてい気づいていない)。クソ野郎課税には二つの効果がある。ひとつ目は、嫌な依頼人を追い払えること。二つ目は、彼らが本当に通常の二倍の料金を払ったとしても、「あいつはクソ野郎かもしれないがこれで報いを受けたし、こっちもトクをした」と、自分を正当化できることだ。クソ野郎は、たとえ本人に自覚がなくても、いつの間にか優秀な人間から敬遠されたり、割増料金を支払ったりして、やはり報いを受けるのだ。

さらにクソ野郎は、人をおとしめていることに気づかない場合が多い。悪意ある冗談にも、相手を透明人間のように扱っていることにも、自分の価値を誇張しすぎていることにも……そして「敵のリスト」は日を追うごとに長くなっていく。恐怖は大半の敵を黙らせる。少なくとも、しばらくは。だが敵の数が増え、その力が強くなるにつれて、彼らはクソ野郎が弱るのを虎視眈々と待つようになる。そして、業績不振やちょっとしたスキャンダルなどの〝好機〟が訪れたら、いっきに襲いかかる。大きな権力を持っていれば、どうしても誰かに嫌な思いをさせたり、疎外感を抱かせてしまったりすることはあるだろう。それでも、見るからに冷たく不愉快で不親切な人間は、自分が思っている以上に敵をつくりやすいものである。

クソ野郎が勘違いする理由――幻想に騙されてはいないか

1 あなたが、またあなたの組織がうまく機能しているのは、あなたが嫌なやつだからではなく、嫌なやつにもかかわらずである。あなたは、卑劣な行為が成功のカギだと思い込んでいるが、むしろパフォーマンスを下げている。

2 自分の成功を組織の成功と取り違えている。あなたがいい仕事を得るスキルと、いい仕事をするスキルは別物だ。

3 悪い知らせがあっても、いい知らせしか伝わってこない。理由は、あなたに悪い知らせを伝えたら、非難や侮辱を浴びせられると思われているからだ。だから、問題があっても、すべてうまくいっていると思ってしまう。

4 あなたの前ではみんな仕事をしているふりをする。恐怖が〝正しい〟行動をさせているだけで、あなたが知らないところで部下は仕事をさぼっている。

5 部下たちが働くのは、組織のことを思ってではなく、あなたの怒りを買いたくないからだ。問題解決よりも保身に走った部下たちだけが、あなたの下では生き残る。

6 知らないうちに「クソ野郎税」を課されている。クソ野郎が誰かに仕事を頼もうと思ったら、特別料金を払うしかない。

7 いま刃向かう者はいなくても、敵は着実に増えている。卑劣な行為は知らないうちに敵を増やしていく。いまはまだ立ち向かう力がなくても、あなたを追い落とすときを虎視眈々と狙っている。

最後に、私の考えをはっきりさせておきたい。たとえクソ野郎を追放したり、矯正したりすることでパフォーマンスが向上しなくとも、やはり組織には「クソ野郎撲滅法」を実施してほしい。本書を執筆したのは、クソ野郎が組織に与える損害についての理論や調査を客観的にまとめるためではない。私自身、貴重な人生をクソ野郎に囲まれて過ごしたくないし、私の大切な人にもそんな経験をしてほしくないからだ。

第7章

生き方としてのクソ野郎撲滅法

七つの教訓

私が「クソ野郎についての本」というフレーズをはじめて耳にしたのは、かれこれ三〇年以上前、サンフランシスコのリトル・ジョーというイタリア料理店でのことだった。その店は、オープンキッチンに面して設置された長いカウンターに客が座れるようになっていて、最大の売りは、歌を口ずさんでは客や従業員と冗談を交わし、オリーブオイルで盛大に炎を上げて盛り上げるシェフの華麗な妙技だった。「雨でも晴れでも大盛況」と書かれたTシャツを着たスタッフも陽気で、待っているあいだじゅうおもしろおかしくもてなしてくれるので退屈しなかった。ある日、私はカウンター席のかなり失礼な客の後ろで席があくのを待っていた。その客は、下品なコメントをしたり、ウェイトレスの腕をつかもうとしたり、オーダーした仔牛のパルミジャーナの味に文句をつけたり、たしなめてきたほかの客に悪態をついたりしていた。

その客がようやく毒をまき散らすのをやめたのは、別の客が近づいてきて大声でこう言ったときだ。「いや、すばらしい。ずっとあなたのような人を探していました。あなたのふるまいは文句のつけようがない。よろしければお名前を教えてもらえませんか?」。失礼な客はちょっと困惑しつつも、気分をよくして名前を教えた。

すると間髪入れず、尋ねたほうの客が名前を書きとめてこう言った。「ありがとうございます。実は私、クソ野郎についての本を書いていまして……。あなたはまさに第一三章にぴったりの人物です」。店内は爆笑に包まれた。恥をかいたクソ野郎は口をつぐむと、ほどなくおずおずと退散し——ウェイトレスの顔が喜びに輝いた。

この話は、単に痛快で笑えるだけではない。ここには「クソ野郎撲滅法」に関する七つの重要な教訓が含まれている。

1　良識的な人々がつくった温かい雰囲気も、ひと握りのクソ野郎が破壊する。

たったひとりがまき散らした毒が、この日、リトル・ジョーにいた全員の楽しいひとときを台無しにしていた。覚えておいてほしい。組織内でクソ野郎撲滅法を実施して最低野郎を排除すれば、大きな見返りが得られるのだ。前述したように、「ネガティブなやり取りはポジティブなやり取りの五倍も気分に影響を及ぼす」ため、数人のクソ野郎から受けたダメージを回復するには、多くの心優しい人が必要になる。いい職場で働きたいなら、とにかく会社を浄化することだ。まずはふるいにかけ、改革を断行し、職場からクソ野郎を一掃する。そうすれば、協力的で温かい職場づくりに集中できる。

２　ルールを話し合うのはよい、だが実行しなければ意味がない。

「嫌なやつは許さない」と表明したり、「温かい職場づくり」について話し合ったり、「いじめ禁止」のポスターを貼ったりするのもいい。だがそれが、人々の態度を本当に改善できなければ意味はないし、ともすれば有害である。リトル・ジョーにはなんのルールも貼られていなかったが、店にいたほとんどの客は、料理の味もさることながら、誰もが店の陽気な雰囲気を楽しみにきているのだと理解していた。そして自称作家の男性が嫌な客をぎゃふんと言わせると、暗黙のルールはさらに明確になった――店の雰囲気をぶち壊すようなクソ野郎はリトル・ジョーには必要ないと。

みんながルールを理解し、それを守っているなら、わざわざ話し合ったり、ポスターを掲げたりする必要はないだろう。反対に、ルールを守れないなら、黙っていたほうがまだマシだ。できもしないことを口にすれば、その組織は卑劣のレッテルに加えて偽善のレッテルまで貼られてしまう。ホランド&ナイト法律事務所の末路を思い出してほしい。「自己中心的で、傲慢で、無礼な弁護士は真っ先に排除する」と言いふらしていたこの組織は、「嫌なやつ禁止法」を実践するはずだった。ところがひとりの弁護士の起こしたセクハラ騒動とそれに続く昇進騒ぎに、内部関係者が不快感を露わにすると、すっかり悪評が立ってしまったのだ。

3　ちょっとした瞬間にルールは生きもすれば無駄にもなる。

どれほど正しいビジネス哲学や経営理論を掲げてクソ野郎撲滅法を支持しようが、いま、目の前にいる人物にすぐ対処できなければ意味がない。

クソ野郎の本を書いていると言った例の客は、三〇秒とかからずに見事な反撃をしてみせた。あの瞬間、リトル・ジョーは、スタッフや客が笑って楽しむ場所で、嫌がらせやいじめをする場所ではないという暗黙のルールが明確になった。

4　多少のクソ野郎は必要か？

リトル・ジョーでの一件は、最低な人間でも——正しく扱えば——ときとして役に立つことを示している。あの迷惑きわまりない客が〝一三章〟にぴったりだったのは、彼の行為があそこにいた客やスタッフ全員の反面教師になったからだ。ただし、組織にクソ野郎を抱えるにしても、彼らに快適な居場所を与えてはいけない。実際、クソ野郎はものすごい勢いで増殖していく。やつらの毒は、急速に感染していくのだ。しかもそいつらに雇用の決定を任せようものなら、あっという間にクズだらけになるだろう。一度でも卑劣なおこないが見逃され、それどころか称賛に値するなどと思わせたが最後、恐怖が組織全体に蔓延する。それを制止するのは至難の業だ。

5　クソ野郎撲滅法を実践するのは管理職だけの仕事じゃない。

リトル・ジョーで嫌な客をやり込めた男性は、マネジャーでもなければ、従業員でさえない。店で順番待ちをしていたただの客だ。

この事実から学べるのは、クソ野郎撲滅法の効果を最大限に発揮するためには、いざというときに全員が立ち上がってそれを推進する必要がある、ということだ。単純な計算だ。たとえば、ある店に、マネジャーがひとり、従業員が二二人、客が数百人いたとしよう。その規模の店でマネジャーひとりが、クソ野郎撲滅法を実施する、あるいはみんなの行動を逐一管理するのは無理だろう。だが、マネジャーを含め、従業員、顧客全員がルールを理解し、守る力を持っていれば、クソ野郎が逃げきるのはずっと難しくなる。

人に正しく接するというのは、敬意や温かさや優しさを伝え、彼らの善意を信じることだ。ただし、相手が正真正銘のクズなら話は別である。そして、いざとなったら誰もがそういう人間に思い知らせなければと意気込み、責任をもってクソ野郎をその場から抹消する〝消去《デリート》ボタン〟を押す気概を持っていれば、ルールを実行するのはずっと簡単になる。

6 恥辱と自尊心は強烈なモチベーションになる。

リトル・ジョーの嫌な客が黙ったのは、恥をかかされたからだ。真っ赤になったその客が、口をつぐんで黙々と食事を終える様子を、私はいまでも覚えている。彼は食べ終わると、並んでいる客の視線を避けるようにして店から出ていった。アービング・ゴッフマンなど名だたる社会学者が示したように、人間は面目やプライドを保ち、恥辱を避けるためならどんな苦労も惜しまない。

このシンプルな洞察には、本書のアドバイスの大半が凝縮されている。クソ野郎撲滅法が実践されている組織では、ルールを守ること、またルールを破った人間を許さないことで尊敬され、感謝もされる。そしてルールを破った者は、強烈な居心地の悪さと、恥ずかしさを味わうことになる。実際のところ、リトル・ジョーでの一件のように、迅速かつ完璧な対応がなされることはめったにない。クソ野郎撲滅法を実践している大半の組織では、〝消去ボタン〟は尊厳と恥辱の微妙な狭間で作動する。それでも、作動はするのだ。

7　クソ野郎は私たちだ。

あなたがリトル・ジョーの話を読んだとき、被害を受けた客やスタッフに自分自身を重ね合わせたのではないだろうか。そして、いつか勇気をふり絞って、あの男性客のようにクソ野郎をやり込めてみたいとひそかに思ったのではないだろうか。

しかし、ちょっと別の角度から見てほしい。もしもあのカウンターに座っていたクソ野郎が自分だったとしたら？　私は絶対にそうならないと断言したいところだが、すでに告白したとおり、それは厚かましいというものだろう。クソ野郎のいない環境をつくりたいなら、まずは鏡を見ることだ。いつからクソ野郎になってしまったのか？　いつの間にクソ野郎菌に感染し、どのくらいまき散らしてしまったのか？　内なるクソ野郎を他人に見せないために自分にできること、あるいはしてきたことは？

あなたにできる最善の一歩は、「ダ・ヴィンチの法則」に従い、悪質な人間や場所に近寄らないようにすることだ。そのためにはどれほど魅力的な仕事であろうと、クソ野郎と働く誘惑にあらがわなければならない。うっかり足を踏み入れてしまったときには、できるかぎり速やかに脱出すること。

まとめ――平和な毎日のために

本書の要点はシンプルだ。私たちがこの地上で与えられた時間には限りがある。だからこそ、人をおとしめるような嫌な人間に出会うことなく人生を過ごしたい。

そういう人間を叩き出すこと、あるいは他人の尊厳を奪っている連中に、それを教えることが本書の狙いである。もしもクズだらけの環境に心底うんざりしているなら、いい職場をつくっていくのはあなたの仕事だ。もちろん、そんなことはすでにお分かりだろう。だが、そろそろ何かをはじめてみてはどうだろう?

エピローグ――それからの私に起こったこと（二〇一〇年）

「クソ野郎の人」になるということ

そんなことは思ってもみなかったし、望んでもいなかった。はじめは信じられなかった。いまでもどうかと思う。しかし、認めよう。自分が五六才の毛のない白人男性であるのと同じように。そう、私は「クソ野郎の人《アッスホール・ガイ》」である。自分が経営について何を書こうが、この先何を言おうが、この事実は一生変わらない。

本書は二〇〇七年二月にアメリカで出版されて以来、これまで英語版一二万五〇〇〇部、翻訳版三五万部（おもにイタリア語、ドイツ語、フランス語など）を売り上げている。私は何百というメディアの取材を受け、読者から（または本のタイトルだけで好き嫌いを判断した人からも）感想、研究、疑問、不満、批判などがつづられた何千ものメールを受け取った。本書の第4章で紹介した二四の自己診断テストをガイ・カワサキ氏がブログに投稿すると、二二万人を越える人たちがそのテストをおこなった。ときどき知らない人たちからオンライン上で（あるいは面と向かって）「はじめまして、シンディーです。私は四点だったからクソ野郎じゃないみたい」とか、「僕はアルバート。八点だったから気をつけないと」などと話しかけられるようになった。

いまでも行く先々でいろいろな人からクソ野郎の話を聞くし、メールボックスには本書に関する疑問や感想が寄せられつづけている。ここ何週間かだけでも、一〇〇通以上のメールを受け取った。卑劣な上司に抗議をしたせいで会社を首になったという失業中の元プログラマーのメールには、「職場に残っている社員は全員抗うつ薬を飲んでいて、健康に問題があり、職を失うことの恐怖にさいなまれている」と書かれていた。クソ野郎の群れから脱出したある女性は、フェイスブックでこの本のことを書いてもいいかと尋ねてきた。ジャクソンビル大学の教授で、元海軍士官のドニー・ホーナー氏はネイビー・タイムズ紙に寄せた記事を送ってくれたのだが、記事のなかで彼はこう断言している。「〝上級士官の下級士官に対する言葉の暴力や侮辱〟は有望な若い士官を追いつめ、海上で数々の災難を引き起こしている」。そして、このような慣例化した冷遇は、最近の大型船の座礁の大きな要因になっている、と私宛のメールでつづっていた。アンと名乗る読者は、会社の壁に掲げられた大きな真鍮プレートの写真を送ってくれた。「力のない者を（とくに誰も見ていないときに）どう扱うかで、その人物の人となりがよく分かる」。そこに刻まれた文字は、本書の第1章を要約したものだった。ほかにもこうした出来事が山のようにある。たとえ嫌なやつの話をする気分でないときでも、クソ野郎の本を書いた者として、私にそれを回避するすべはない。

この本が刊行された翌年、二〇〇八年の春ごろから、私はクソ野郎の刑に処されている。自分が「クソ野郎の人」だと認めざるをえなくなったイベントも少なくない。最初に自覚したのは、メリーランド州のシーサイド・イン・ホテルでおこなわれた、アメリカの大企業の経営陣二〇名ほどが集まった講習会でのことだ。私は一流のコンサルタント会社マッキンゼー&カンパニーの依頼で、優秀なリーダーについてのディスカッションを仕切ることになっていた。主催者はレニー・メンドンカ。慎み深さと思慮深さでおおいに尊敬を集めるマッキンゼー社のシニア・パートナーだ。レニーはみんなに私を紹介すると、私の経歴や仕事について温かな言葉で丁寧に説明してくれた。だが、レニーの最後の言葉に私はたじろいだ。

「そしてもちろん、ここにいるロバート・サットン氏は、いまも、これからも『クソ野郎の人』であります」

私は自分の顔が赤くなるのが分かった。そう、私はクソ野郎の人なのだ。

この新たな、けっしてうれしいとは言えない私のイメージは、その数週間後にサンフランシスコにあるセント・フランシス・ホテルのエレベーター内で決定的となる。私はそこで、サクセスファクターズ社――「クソ野郎撲滅法」を売りにしているソフトウェア会社――の顧客に向けて講演をすることになっていた。混み合ったエレベーターに乗り込むと、同乗者のひとりが私を見て言った。「あなた、クソ野郎の人ですよね？」。思わず口走ってしまったのだろう、彼はすぐに口を押さえて謝ってきたが、私は途中でさえぎった。「ええ、そうです。クソ野郎の人で結構ですよ。気に入りはじめていますから」

私自身は不本意だったが、「クソ野郎の人」になっていいこともあった。本書が出版されてからというもの、大学の同僚や友人が以前より礼儀正しくなった気がするのだ。たぶん、クソ野郎の人にクソ野郎と認定されるのが怖いのだろう。かくいう私も、襟を正して生活している。いまだに嫌なやつになってしまうことはしょっちゅうあるが、この本を書いていなければ、もっと状況は悪くなっていたかもしれない。内なるクソ野郎が顔を出そうとするたびに、私は自分にこう言い聞かせている――これで他人をおとしめたりしたら、おまえはクソ野郎のうえに偽善者だぞ、と。

ともあれ、「クソ野郎の人」になっていちばんよかったのは、博士研究員時代を駆け抜けていくみたいに、クソ野郎や、彼らの管理手法、職場、人生全般についての新しい知識を次々と学べたことだ。最高の学びはいつもすばらしいエピソードのなかにある。ウォール・ストリート・ジャーナルのコラムニスト、ジェイソン・ツバイクから聞いた話を紹介しよう。ある航空会社のスタッフが、乗客から理不尽な暴言を浴びせられたという。どうやって冷静に対処したのかとジェイソンが尋ねると、彼女はこう答えた。「そのお客さまの行き先はロサンゼルスでしたけど、彼の荷物はナイロビに行きになったので」。それを聞いたジェイソンは痛感したという――「そう言って笑う彼女の顔にちらりとのぞく意志の強さを見て、私はぞくりとした。ああ、これは冗談ではないのだ」。このささやかな復讐譚は、知らないうちにどれだけクソ野郎が報いを受けているか、そして彼らにとって無力なはずの被害者がどれほど巧妙に仕返しをしているかを教えてくれる。

胸の痛む話もある。卑劣な上司にとらわれ、動悸、憂鬱、制御不能な怒りに見舞われた女性は、夕食の席で夫や子どもに向かって何度も金切り声を上げげたという。このほかにも何百という同様の話が、クソ野郎の被害者（やその組織）が、さらに深刻で多岐にわたる被害に苦しんでいることを示す、膨大な研究結果を裏づけている。たとえば、クリスティン・ポラスとアミール・イレスがおこなった二〇〇八年の実験によると、意地の悪い教授に叱責された学生は、創造性や協調性が低下したという。同じく二〇〇八年、さまざまな職種に従事する一八〇〇名の従業員を対象に調査をおこなったフロリダ大学の研究者らは、卑劣な上司の下で働く人々はやる気がなく、わざとミスを犯してはそれを上司に隠し、意見は述べず、同僚に手を貸す割合も低いことを突き止めた。また、ファーストフード店で働く二六五名を対象におこなった二〇〇七年の調査では、辛辣な上司に監視されている従業員は、食材を無駄にしたり盗んだりする傾向が強いことが分かった。さらに最近のヨーロッパの調査によると、卑劣な（そしてとりわけ無能な）上司のせいで、心臓発作を起こす場合もあるという。三〇〇〇人の労働者を一〇年間調査したアナ・ナイバーグの二〇〇九年のスウェーデンの研究では、悪い上司（無能なクソ野郎）の下で働く従業員は、いい上司を持つ従業員に比べて心臓発作を起こす確率が二〇〜四〇パーセントも高いことが判明している。

幸いにも、悪い話ばかりではない。日々積み重ねられていく情報によれば、良識的な職場で（良識的な上司と）働く人々は、献身的で、仕事の質が高く、健康状態も良好だという。クソ野郎話のなかには、最悪の出だしからハッピーエンドを迎えるものもある。ニュージーランドで公務員をしている女性から届いたメールによると、父親の葬式に出席しようとした彼女を、元上司が引きとめたそうだが、最終的に彼女は勝利を手にしている。

「そのときに上司が正真正銘のクソ野郎だって気づいたんです。何度も仕事を辞めようと思いました。でも、仕事もお客さんも好きだったから我慢していたのです。すると翌年、部署が再編成されました。上司の役職は廃止され、私は昇進しました。チームを率いることになったんです。これこそ皮肉というものでしょう！　元上司はリーダーになれない方法を私に教えていたのです」

別の話では、投票で選ばれた役人にさえ、〝消去ボタン《デリート》〟を押す勇気があることを教えてくれる。二〇〇九年のラスベガス・レビュー・ジャーナル紙の記事によると、ネバダ州ヘンダーソンの市議会は、満場一致で市政担当官のメアリー・ケイ・ペックの罷免を決定した。その理由は、彼女が「恐怖の土壌」をつくり出し、「権力を乱用して下の者を脅していたから」だという。ペックは訴えを否定し、弁明の余地も与えられないのは不公平だとして市を告訴したが、のちに地方裁判所の判事によって棄却された。こうした新たな研究結果や逸話を知ると、人々の尊厳を守ろうと心を砕いているリーダーが大勢いて、自分の部下をごみのように扱う上司はやはり無能で、何よりみんなが立ち上がったときにクソ野郎撲滅法は効果を発揮するのだなと改めて思わされる。

「クソ野郎の人」として過ごした年月は驚きにあふれていた。なかでも驚いたのは、本書がテキサスの教会の聖書のクラスで読み上げられたことだ。アビリーン・クリスチャン大学で実験心理学を教えているリチャード・ベック教授は、自身のブログ『エクスペリメンタル・セオロジー』でこう語っている。

私は自分にこう問いかけました。「『コリント人への第一の手紙』、第一三章の講義をはじめておこなうクラスで、いったいどう切り出すのが最善だろうか」。そこで、ひらめきました。ロバート・サットン博士の新刊『クソ野郎撲滅法《ノー・アッスホール・ルール》』を読むことからはじめようと……。

日曜のクラスで私はさっそく実践しました。そしてそこに、「コリント人への第一の手紙」、第一三章に出てくる、かの有名な言葉と同じ内容を読み取りました。「愛は忍耐強い、愛は優しい、ねたまず、おごらず、偉ぶらない。礼を失せず、己の利益を求めず、めったに怒らず、恨みを抱かない……」

要するにこの言葉は、クソ野郎になるなということだったのです。

ベック教授がこれを投稿してから数カ月のうちに、それぞれの信仰と本書のアイディアをリンクさせた人々によって、私はさながら大洪水に巻き込まれたかのようだった。説教に関する助言を求めるシリコンバレーの牧師から長い電話を受けたり、この本はすべてのカソリック司祭が読むべきだというメールをイエズス会の神父から受け取ったり、ドイツで発行されている、クリスモンという宗教雑誌に、本書のドイツ語版が取り上げられたりした。編集者のニルス・ハスマンは、クリスモンの発行部数が毎月一五〇万部だと説明したうえで、「われわれの組織はドイツの福音協会から資金提供を受けている。だからこそ、人との接し方を扱ったこうしたテーマは非常に興味深い。それこそが宗教の本質だからだ」と語った。また、飛行機で乗り合わせたメソジスト教会の牧師にはこう言われた。「『クソ野郎撲滅法』は福音書の教訓と同じですね。しかも福音書よりも覚えやすい」。そしてジョージア州の牧師からはこんな手紙を受け取った。「私は悪辣な環境に足を踏み入れてしまって、自分もクソ野郎に（私は〝寄生虫〟と呼んでいますが）成り下がってしまいました」

例を挙げればきりがない。おそらく数冊分の本を書くくらいのネタはあるだろう。だが、ここではもう一度本書の要点に立ち返り、「クソ野郎の人」として学んだ五つの重要な点をまとめておきたい。

書名は強力で、効果的で、危険である

批評家のなかには、本書が他の類書よりも売れたのは、下品なタイトルのおかげだと言う人がいる。まったくそのとおりだと思う。私は恥知らずにも、注目されたいがために「クソ野郎（asshole）」などという言葉をタイトルに使ったのだ。もちろん、普段からそういう連中を「クソ野郎」と呼んでいたということもある。「嫌なやつ」や「いじめ野郎」では物足りないのだ。私がすっかりこの言いまわしに慣れていたせいか、「クソ野郎」に対する読者の過剰ともいえる反応には面食らった。このタイトルだけを見て好きか嫌いかを判断した人から、たくさんのメールを受け取った。たとえば、本書の記事がサン

フランシスコ・クロニクル紙に紹介されると、ビク・ビフェラという人物から編集部にこんな手紙が届いたという。

恥ずかしすぎてこの本のタイトルをここに再度書くことができません。内容自体はもっともかもしれませんが、まるで学びの砦に汚水が流れてきたかのように、下品で粗野な臭気が漂ってきます。博士号を持つ方から出たこのような程度の低い言葉は、攻撃的な暴言でテレビ、ラジオ、新聞などを腐敗させている乱暴な少年たちの粗野で口汚い言葉と同じです。

たしかにこの下品なタイトルのおかげで本は売れるかもしれませんが、なぜ人間にとって大切なものを傷つけるのでしょう？　きっと報いを受けるはずです。

すてきな手紙だ。本書の広報担当、マーク・フォーティアーは、この手紙を「愉快で詩的な批評」と的確に評している。ビフェラ氏よりは控えめだが、ニューヨーカーやヴァニティ・フェアの元編集者、ティナ・ブラウンは明らかに本書に対して批判的だった。本書は二〇〇七年の「クイル賞のビジネス書部門賞」に選ばれたのだが、ブラウン氏はその授賞式で私を紹介するのを嫌がっていた。噂によれば、本のタイトルを口にするのが苦痛だったらしい（ＮＢＣ局の放送時にビープ音が入るとしても）。ＦＯＸニュース・ドットコムによると、「幸いにも、彼女の声は退場の音楽でかき消されたものの、彼女はタイトルを前にして愕然としているようだった」。私は彼女と一緒にステージを去るあいだ、どうにか打ち解けた話をしようとした。しかし、彼女は表面的には取り繕いつつも、私が何かの伝染病にかかっているかのように、あっという間に逃げ去ってしまった。

ニューヨーク・タイムズの対応はちょっと変わっていた。ビル・クリントン大統領をはじめとする、多くの著名人のセックス・スキャンダルを紙面で惜しげもなく詳細に伝えてきたくせに、ベストセラーリストに載った本書のタイトルは「クソ野郎《アッスホール》」の部分が伏せ字になっていた。なんでも〝家庭的な新聞〟である同紙にとって、こうした修正は必要不可欠だったのだとか。だが、本当にこの下品な言葉が若者へ与える悪影響を気にしているのなら、なぜこちらの出版社が支払った相当額の広告掲載料を受け取ったのだろう。本書の表紙写真がでかでかとあしらわれたその広告でも、やはりその部分が伏せ字になっていて、「いま話題のベストセラー本。公に掲載できないタイトル」と紹介されていた。おそらく八才以上の読者なら、すぐにでも予想がついたに違いない。イギリスの放送局ＢＢＣのインタビューも奇妙だったが、こちらはもう少しかわいげがあった。司会者は、ジョージ・バーナード・ショーの名言ではないが、アメリカとイギリスは「同じ言語で分けられた別の国」であるとし、放送の直前に「クソ野郎（asshole）」という言葉を使うのはかまわないが、「クソッタレ（arse）」と言うのはやめてほしいと頼んできた。視聴者の反発、とりわけ司会者の母親の反発を招くからだという。

思うに、このタイトルにここまでみんなが神経をとがらせるのは、卑劣な連中をあらわすのにあまりにぴったりすぎるからではないだろうか。実際、中身を読む前からたいていの人は本書の内容をかなり正確に予測できる。正直、これはちょっと予想外だった。何しろ私は膨大な時間をかけてこうした言葉を研究し、書きつづってきたのだ。作家のマーク・トウェインは、「古典」を「人々が称賛するだけで読まない本」と定義した。本書は古典ではないが、読まなくても大筋が分かるという点では同じだろう。そういう意味では、この本にはほかにも使い道がある。中身は読んでいないが、本書を自分のオフィスの目立つところに飾っていたという弁護士は、同僚が嫌な態度をとりはじめると、この本を指さしたという。また、ある巨大インターネット企業の管理職も似たような話をしてくれた。彼はちゃんと中身を読んで、しかも気に入ってくれたらしいのだが、本書の最適な使い道は身を守る盾として利用することだと主張する。彼の机に置かれた本書は、それを目にした人に良識的な人間でいなければならないことを思い出させる。彼は言う。「誰かが度を越してしまったら、私はこの本を盾のように目の前に掲げる。そうするとみんなこちらの意図を理解して、すぐに態度を改めてくれるのです」

ほかにも、本書をクソ野郎撲滅の強化に役立てているリーダーがいる。たとえば、弁護士事務所や会計事務所のリーダーたちは、このルールをパートナーの給与を決める——とくに稼ぎ頭のクソ野郎の給料を減らす――際に使っているという。ある事務所では、上位のパートナーが本書を掲げながら、賃金の決定にこのルールを適用すると宣言した。数年後に彼と話したとき、その方法が予想以上にうまくいったらしく、本書は絶対読むべき一冊だと言ってくれた。ほかにもクソ上司に対する象徴的な武器として、本書は使われている。二〇〇八年、私はスタンフォード大学のキャンパスで、非営利団体のリーダー数百名に向けて講演をおこなった。講演後、ひとりの参加者が私を脇に呼んで、卑劣なＣＥＯを解雇した話をしてくれた。なんでもＣＥＯを除く幹部チームに本書を配り、ＣＥＯを首にしなければ全員退陣だと脅しをかけると、その後の取締役会でＣＥＯの罷免が決まったのだという。

最後に、本書のタイトルの危険性も述べておきたい。本書を職場に持っていった人のなかには、タイトルを見た上司に持ち帰るよう命じられた人もいるらしい。ある事務員は、この本で同僚を動揺させたとして、上司にマイナスの評価をつけられた。上司から本書を机に置かないようにと命じられたある公務員は、不当だとして訴えたが、州検事はたしかに〝不快〟だとして訴えを棄却した。当然ながら、本書を上司にプレゼントするのはさらに危険である。私のブログのコメントによると、本書が気に入ったという話を同僚にしたある人物は、それなら上司に一冊あげてはどうかと同僚たちにそそのかされた。そして残念なことに「上司にはシャレが通じなかった。それにきっと、彼はクソ野郎の定義に当てはまっていたんだと思う。だって、本をあげてすぐに僕は解雇されてしまったから」。

他人にクソ野郎のレッテルを貼るときには慎重に
――ただし自分自身には迅速に

第7章で「クソ野郎は私たちだ」という話をした。たとえ自分で認めるのが難しくても、悪い条件下では誰しも嫌なやつになる可能性があるからだ。二〇〇八年に、アメリカ人八〇〇〇人を対象におこなわれた世論調査によると、三七パーセントの労働者が他者からいじめを受けていると答えた一方で、いじめの加害者になったことがあると報告したのはわずか〇・〇五パーセントだった。つまり、いじめの被害者だと認めた人の数は、いじめの加害者だと認めた人の数の約八〇倍にも上るということだ。この結果は、何かよくないことが起きると、人は自分ではなく誰か、あるいは何かのせいにする傾向が強いというあまたの研究結果とも一致する。

こうした偏りを減らすために、二つの戦略を提案したい。まずは、他者をクソ野郎と決めつける際には慎重に、自分に対しては即座に認めること。この〝脱バイアス〟手法が広まれば、多くの人の自己認識力が高まり、よりよい職場づくりにつながるはずだ。

第3章でも述べたが、他者の評価は慎重におこなってほしい。ぶっきらぼうな外見の下に温かな思いやりを抱く「黄金のハートを持つヤマアラシ」は少なくない。もしくはグーグルのエンジニアの言葉を借りれば、「お粗末なユーザーインターフェースでも、優れたオペレーションシステムを持っている場合がある」。さらに、他者をごみのように扱えば、その被害者らもまたクソ野郎になってしまうことをお忘れなきよう。あなたの冷たく無礼なふるまいは、手痛いしっぺ返しを食らうかもしれない。

皮肉にも、他人をクソ呼ばわりすること自体が、すでにクソ野郎的ふるまいになってしまうこともある。ホームセンターの元従業員は、同僚をクソ野郎と呼んだせいで首になったと、私にメールを送ってきた。彼女は、クソ野郎撲滅法を実行したのだから、自分の肩を持つよう求めてきたが、私は断った。だが、たしかに私にも非はあった。気に入らない人間をクソ野郎呼ばわりする危険性を本書に記しておくべきだったのだ。欠陥だらけの人間のダメなところである。仮に誰かの卑劣なふるまいを指摘したくとも、たとえば、造船所で働く若い連中があいさつ代わりに罵り合うような、少しくらいの暴言ではびくともしない環境でないかぎり、まず「クソ野郎」という単語は使わないほうがいいだろう。

またこの言葉は、醜悪な悪循環を引き起こす場合もある。最近行ったニール・ヤングのコンサートでのことだ。ニールの静かな曲のあいだ、私は飲み物を頼むと、後ろの席にいたひどくやかましい女性たちにもう少し声を落とすようお願いした（全員が彼女らに不快な視線を送り、小声で文句を言っていた)。するとその女性たちは金切り声を上げ、私をクソ野郎呼ばわりしてこう言い放った。「ここは教会じゃなくてロックコンサートの会場なんだよ」。私は頭にきてしまい、そっちこそ正真正銘のクソ野郎だと言い返し、みんな迷惑しているのだとたたみかけると、さらなるキンキン声が返ってきた。「クソ野郎は私たちじゃなくてそっちでしょ」。そうして自制心を失った私は、さらに醜悪な状況をつくり上げていく。「私のどこがクソ野郎なんだ? そっちが迷惑をかけるから、どうにかしようとしてるだけだろう?」。本当にそうなら、私は酔っ払いのアホどもと言い合うべきではなかったのだ。

こうした経験から、ただちに自分がクソ野郎だと認めるべき二つの条件が見えてくる。第一の条件は、第4章で紹介したカート・ヴォネガットの詩のなかにある。ポイントは、億万長者がけっして手にすることのできないもの持っていると、ヘラーがヴォネガットに告げるときの台詞「自分がもう十分に持っている」という認識だ。利己的なクソ野郎になるかならないか——内なるクソ野郎の醜い頭を押しとどめるか否か——そうした葛藤に決着をつける際に、この詩を思い出す人も多いという。私もそうだ。この言葉を唱えることで、これまで何度となくクソ野郎病を回避してきた。

第二の条件は、他人に対して権力をふりかざすときだ。権力を持つと、自分の欲求ばかりに目がいき、他人の欲求をないがしろにするという証拠は枚挙にいとまがない。「自分にルールは関係ない」とばかりにふるまってしまうのだ。二〇〇八年に権力学の権威、カリフォルニア大学バークレー校のダッチャー・ケルトナーが書いた『グレーター・グッド(Greater Good)』によると、「実験のために権力を与えられた人間は、やたらと他人に触れ、はっきりとちょっかいを出す傾向が強く」なり、「他人の発言をさえぎり、誰かが話しているときも顔を見ず」「攻撃的かつ侮辱的なやり方で友人や同僚をからかうようになる」という。さらにケルトナーらによる別の実験では、多少の権力を手にした者でも、(友人の死など)他人の不幸話を聞いてもあまり同情を示さなくなることが分かっている。また、セリーナ・チェンとナサネイル・ファストが四一〇名の労働者を対象におこなった「上司を不適切だと思うとき」と名づけられた二〇一〇年の調査によれば、部下が不安や無力感を抱いていると、上司が彼らを虐待する確率が高くなるという。

あなたがどれほど思いやりのある善人であろうと、組織のトップになれば、傲慢で、無神経で、自分勝手な卑劣漢になってしまう可能性がある。人間の団体について調査したケルトナーの研究によると、こうした団体のなかでは、協調性があって、自己主張が控えめな者がリーダーに選ばれる傾向が高いという。だが、ひとたび権力を手にすると、たとえいい人であっても、自分勝手な卑劣漢になることが多く、彼らが不安や無力感を覚えたときに、問題はさらに悪化するとケルトナーは結論づけている。

要するに、クソ野郎は己を知れということだ。「もっと、もっと」「自分が、自分が」と思う気持ちが日々強くなって、他人に権力をふりかざすようになったら、正真正銘のクソ野郎になりかけていると思ったほうがいい。もしくは、自覚がないだけで、すでになっている可能性もある。

巧妙なクソ野郎ほど陰湿である

これまでの実例からも分かるように、クソ野郎が必ずしも暴言をわめき散らす、いわゆる乱暴者とは限らない。もちろん、そういう威圧的な連中もごまんといる。だが、本書を読み返してみて思ったのは、もっと陰湿な卑劣漢を取り上げるべきだったということだ。擬態したクソ野郎というのは、人にダメージを与えておきながらその尻尾をつかむのが難しく、とくに陰湿だと言っていい。たとえば、ある管理職の同僚は、面と向かって話すときには、「次のミーティングでは、あなたの意見を絶対に支持しますね」などと言いながら、陰では彼女の悪口ばかり言っていて、しかもいざミーティングの席に着くと、「支持する」といったまさにそのアイディアに〝手りゅう弾を投げつけ〟て、執拗に攻撃してくるのだという。次に読者から聞いた、さらに巧妙な卑劣漢の話を紹介する。

私はあなたの本の大ファンで、実生活でも自分のおこないを自覚するために本で紹介されていたいくつかの手法を実践しています。周りの人と自分のために！　ただ、もう少し陰湿な人間に対処する方法が紹介されていたらよかったのにな、と思いました。

私は怒りっぽいタイプではありませんが、陰湿な上司に対処するよりも、あからさまにどなりつけ、侮辱するタイプの上司に対処するほうがずっとマシです。私の上司はとても巧みに自分を装っていて、重要な人にはにこにこと笑顔をふりまいています。けれど私に対しては、こっちが話している最中にしょっちゅうあくびをしたり、私の業績評価をしているときに下品な冗談を言ったり（「じゃあ、まずはあなたの歯に何かが挟まっていることから話しましょうか」などと言って同僚のマネジャーとクスクス笑うのです）、私のメールや存在自体も無視したりするのです。

残念ながら、この読者が言うように、こういうずる賢い連中を面と向かって非難するのは難しいし、追い出すのも困難だ。彼らは、訴えを起こした被害者のことを神経過敏な妄想狂だと逆に非難する。そして〝ただの冗談〟だったのになどとしょげてみせ、他の者の同情を買うのである。それから平気な顔で嘘をつき、自分の発言や行動を否定する（巧妙なクソ野郎は、自分を取り繕う嘘が異常にうまい）。

私にできる最善のアドバイスとして、ニューメキシコ大学のパメラ・リュートゲン・サンドビックの研究を紹介しよう。彼女によると、職場のいじめの被害者がうまく卑劣漢を追い払えるのは、ひとりではなく、仲間と一緒に立ち向かったときだという。とくにずる賢いクソ野郎とやり合う際は、徒党を組むことが重要だ。上司なり同僚なりがクソ野郎だという周囲の証言があれば、相手がいくらうまく立ちまわっても、あなたの訴えが被害妄想で片づけられることはなく、そいつの行為が実際に人を傷つけ、業務を阻害し、ただちにやめさせるべきだと認められるだろう。私に手紙を送ってくれたある公務員は、悪辣で人種差別的な同僚をどうにかするよう上司に何度も訴えたそうだ。しかし上司からは、そういう現場を見たことがないし、ほかからも聞いたことがないので無理だと言われてしまう。そこで彼女は、五人の仲間を募って「クソ野郎日記」をつけはじめ、上司の目の届かないところでその同僚がしている卑劣なおこないを逐一書きとめていった。彼女たちが日記を上司に提出すると、ある日その同僚は謎の失踪を遂げたという。

多くのリーダーや組織がクソ野郎撲滅法を実践し、成功している

クソ野郎撲滅法を実践し、健全で活気のある職場づくりをしているリーダーたちの話を聞くのは気分がいい。ある日、私はポール・パーセルと電話で話をし、クソ野郎撲滅法を実際にどう取り入れているかという話で盛り上がった。彼が代表を務める金融会社ベアードは、魅力的で協力的な人材を募り、自分勝手な卑劣漢を追い出すべく、クソ野郎撲滅法の実践に力を入れている。パーセルいわく、採用面接のときには「君たちが卑劣なふるまいをするようになったら即刻出ていってもらう」と、くぎを刺しているという。このルールは、同社が二〇一〇年にフォーチュン誌が選ぶ「働きがいのある会社一〇〇」の一位にランクインした要因となっただけでなく、二〇〇八年終盤から二〇〇九年はじめにかけての財政危機の折にも、着実に利益をもたらしてくれたとパーセルは確信している。このルールを適用しているのは、利潤追求型の組織だけではない。無料公演をおこなっているシェイクスピア・マイアミ劇団の芸術監督、コリーン・ストーバルからも手紙をもらったことがあるのだが、この非営利団体に雇ってもらうには、クソ野郎撲滅法を順守する書面に同意しなければならないらしい。というのも、「監督は、優れた才能の育成や保持という名目で、マナーの悪さにしばしば目をつぶってしまうことがある。そして才能に恵まれた俳優のなかには、卑劣なふるまいをしてこそ〝本物の主役〟になれると勘違いするものが出てくる。こうした態度はあっという間にキャスト全員の士気を下げ、悪影響を与えてしまう」からだという。

組織のなかには「不快な人はおことわり」など、もう少し柔らかい言い方でこのルールを適用しているところもある。だが、少なくとも、次に挙げる会社は、私でさえ過激だと思う単語を使用している。ロバート・ケアは、エンジニアリング会社アラップのオーストラリア・アジア支部の代表を務めており、同社はシドニーのオペラハウスや二〇〇八年のオリンピックで使用された北京の国家水泳センターなど、数々の有名建造物を手がけてきた。二〇〇七年に、ケアからこんな手紙が届いた。なんでも、オーストラリアンフットボールのチーム、シドニー・スワンズが採用している「クズ野郎撲滅法（No Dickhead Rule)」にいたく感動したという。ちなみにこのルールは、七二年ぶりにチームをリーグ優勝に導いた立役者だと言われている。同僚に渡したメモのなかでケアはこう説明する。

私にとって〝クズ〟を撲滅するというのは、言い換えれば、わが社の社風を支えてくれる社員を雇って保持していくということだ。われわれは、四角い穴に四角い杭を、丸い穴には丸い杭を打ち込む。要は、適材適所で働くチームプレーヤーで、だからこそ目下の者を虐げてはいけないし、正しくないと思ったことは、やはり正しくないのだ。

たくましく魅力的なケア氏に、昨年シンガポールで開かれた会議でお会いした。その席で彼はルールについてさらに詳しく話してくれた。ケア氏によると、アラップ社の上層部にも、社の精神やパフォーマンスを汚す者がいたそうだ。だが「クズ野郎撲滅法」の導入で社員に大きな変化があらわれたといい、おかげでグループ全体の利益が向上し、なかでも社内の情報交換や協力体制が強化されたという。

本書が出版されて以来、とくに励まされたのは、おそらくキャメロン・ファミリー・グラス社のロリ・オズボーン・デブリンの話だろう。二〇一〇年一月、数年前にキャメロン・ファミリー・グラス社が「嫌なやつ撲滅法」を実践したときの話を、あらためてロリから聞く機会があった。ロリはその話を切なくも興味深いまとめで締めくくった。「残念ながらうちは九月に倒産してしまったけれど、わが社で起きたすてきな話をあなたに聞いてもらおうと思って。あれは、うちの『嫌なやつを許さない』という社風が生み出した出来事だったと思う」。ロリたちは一〇のルールを設定し（そのどれもが良識的で建設的な職場づくりに欠かせないもの）、それを新入社員の目につくよう、一・七×一・五メートルのアクリル板に刻んで、高々と食堂に掲げていた。ロリは言う。「オーナーをはじめとする社員全員の胸に刻まれたそのルールは、けっして単なる口先だけのものではなかった」と。

だが、多くの企業同様、キャメロン社にとっても二〇〇九年は厳しい年だった。新たな事業が失敗した同年一月には、八割に及ぶ社員の解雇に踏みきらざるをえなくなった。ロリによると、従業員は解雇されてからもしばらくのあいだ、「うちで働かないかという他社からのオファーを断って、わが社に忠誠を捧げてくれた。彼らは会社に電話をかけてきては、何か手伝えることはないかと無償で申し出てくれた」という。しかし、世界的な経済危機と新事業の失敗というダブルパンチからキャメロン社が回復することはなく、九月に倒産した。そのときのことをロリは次のように語っている。

会社をたたむ五日前になっても、社員たちの忠誠心は揺るがなかった。メディアにはけっして口を開かなかったし、怒りや不満をあらわすこともなかった。泣いたり笑ったりしながら、経営陣に助けを申し出てくれた。最後の日に、全員で集まってお別れをしたのだけど、あんな光景ははじめて見た。いい大人が抱き合って「大好きだよ」って……あの日は涙と笑顔があふれていて、本物の家族みたいに思えたわ。キャメロン社の絆はいまでも強い。今年もみんなで集まって、クリスマスパーティーを開いたくらい。

そして「この絆は、すべて『嫌なやつを許さない』といううちの方針があったおかげだ」とロリは言い添えた。とてもいい話だ。というのも個人的には、組織やリーダーの本質が分かるのは、物事がうまくいっているときではなく、試練を迎えたときの人間関係に出ると思っているからだ。キャメロン社は倒産してしまったかもしれないが、元社員たちが育んだ、互いに対する敬意や尊厳は、この先も彼らの職場や人生に影響を与えていくだろう。

本書は悪い上司の急所を突く

私は整理整頓が得意ではないが、二〇〇七年に刊行された本書に寄せられたメールにはほとんど返信してきたし、そのほとんどを保存している。ちなみに保存したメールは「反撃」「誉め言葉」「ルールを適用している会社」「クソ顧客」「クソ野郎かも」「奇妙」「意味不明」などのファイルに分類されている。最近、すべてのメールを掘り起こし、このエピローグを書くのに役立つものはないかと、一日かけて目を通し、そのうち数百通をじっくり読み返してみた。全部で約三〇〇〇通あったが、おそらく未整理のファイルにもう数百通はあるのではないかと思う。

それぞれの内容は違うものの、大半のメールは組織の中心人物に言及していた。そう、他人の仕事を監督し、しばしば部下たちと込み入った関係を築いてしまう上司のことに。クソ野郎の被害者のおよそ八割からのメールが（一〇〇〇通を越えたあたりで数えるのをやめたので厳密ではない）上司についてのものだった。あるユダヤ教会の職員などは、公衆の面前でしつこく絡んでくるラビのせいで人生が台無しだと嘆いていた。タチの悪い上司が被害者を苦しめる卑劣な行為や損害の内容は、本書や私のブログで紹介したとおりである。チームの崩壊、パフォーマンスの低下、キャリアや健康の喪失、友人、恋人、家族への二次的被害……。

だが、上司がいつも諸悪の根源とは限らない。職場の悪い空気を改善したという、いい上司の話もある。たとえば、カナダの医師は、前任者の悪習を取り払い、卑劣な上役たちから自分を守ってくれた新任の医局長を、「荒波に浮かぶ救いの島」だと褒めていた。

また、上司の人たちからも五〇〇通以上のメールを受け取った。クソ野郎撲滅法を実施した経緯から、いかにクソ野郎であることを自分が誇りに思っているか（クソ野郎のお墨付きをくれないかと頼んできた者もいた）、逆にクソ野郎病からどのように〝回復〟していい上司になったか、クソ野郎のレッテルを貼られることがどれほどつらいかといった話まで、その内容は多岐にわたる。あるレストランのマネジャーからは怒りのメールが届いた。なんでも従業員のひとりに「マネジャーはクソ野郎だ」と本社に連絡されたらしく、ひどく傷ついているようだった。彼は上司から本書を読むよう勧められた。そして「職場に混乱をもたらす」本書の内容に激怒した。「クソ野郎の見分け方についての本なんて誰でも書ける。俺の二歳の甥っ子だって毎日のようにクソ野郎を見つけてくるさ」。このメールが興味深いのは、クソ野郎と呼ばれたことに、このマネジャーがいたく傷ついているという点だ。というのも、彼はいい上司に――部下にきちんと仕事をさせたり、敬意をもって接したりできるような上司に――なろうと懸命に努力していて、自分の仕事を誇らしく思っていたからだ。彼からの不快なコメントはうれしくなかったが、それでも彼がいい上司になろうと努力し、有能で思いやりのある上司に見られたいと思っている点は評価すべきだろう。

上下関係をめぐるメールのなかで最も奇妙だったのは、タッカー・マックスとその信奉者のやり取りである。マックスはベストセラー本『アイ・ホープ・ゼイ・サーブ・ビアー・イン・ヘル（I Hope They Serve Beer in Hell）』の著者である。ちなみに次作は『アッスホール・フィニッシュ・ファースト（Asshole Finish First）』で、マックスのウェブサイトの紹介文がこちらだ。

僕の名前はタッカー・マックス。クソ野郎だ。

社会の常識を無視して、不適切な時間に浴びるように酒を飲み、好き勝手なことをやり、自分の行動の結果はどこ吹く風で、アホと目立ちたがり屋を小バカにし、不特定多数の女と寝て、要するに、クズ野郎のごとくふるまっている。

以前、私のブログに、「マックスはどうやらプロのクソ野郎らしい」と書いたところ、本人から親しみを込めたコメントが何度か送られてきた。「自分はあなたが定義するクソ野郎には当てはまらない」と彼は説明し、「いまから五年以内に、少なくとも一〇年はからないうちに、私のことを取り上げ、理想の上司――すべての上司がなんらかの形で見習うべきCEOだと宣言することになるだろう」と続けた。しかも、この〝ボス論〟に賛同する者まで現れた。いわく、「マックスは自分にとっての師匠《メンター》です。彼のクソ野郎的ふるまいで、この気持ちが揺らいだことはありません」。つまり、大金を稼ぎ、私がプロのクソ野郎だと思うような人物でも、真のクソ野郎であることを否定し、そのうえ、そんな彼を慕う熱烈な信奉者が最低でもひとりはいたのである。

こうしたメール（と、その他の膨大な情報）から分かったことは、人が「クソ野郎撲滅法」に敏感になるのは、嫌な上司の下で働くことも、嫌な上司になることも、誰も望んでいないからだということだ。みんな、いい仕事ができるよう導いてくれる上司を求めているし、そういう上司になりたいと思っているのだ（実際、クソ野郎のふるまいは、ダメ上司に蔓延するある種の無能病でしかない）。この結果を受けた私は、ここから三年の月日をかけて、いい上司と悪い上司の違いを分析し、最高の上司の条件を追求していくことになる。

まずネガティブな思考を打ち消す

一九四〇年代の名曲、ジョニー・マーサーの「アクセンチュエイト・ザ・ポジティブ」は私の好きな曲のひとつだ。人間の行動は、このタイトルの正しさを裏づけている。「ポジティブにいく」ことや「前向きでいる」ことは、健全で優秀な組織文化における大きな特色である。「ネガティブを打ち消せ」というマーサーの助言はとりわけ印象的だ。本書を執筆し「クソ野郎の人」になったことで、私は多くを学んできたが、なかでも飛び抜けて重要な教訓はこれだった——まず、ネガティブな思考を打ち消すこと。

本書の第2章で紹介した、ネガティブな交流がポジティブな交流の五倍も職場の人間に影響を与えていたという調査結果を思い出してほしい。二〇〇一年のレビュー・オブ・ジェネラル・サイコロジー誌に掲載された『悪は善よりも強い』という論文のなかで、心理学者のロイ・バウメイスターらもまた、「五対一の法則」が多くの研究によって証明されたと報告している。たとえば、親密な人間関係に関する長期的な研究によると「いい関係を構築するには、最低でもポジティブな交流がネガティブな交流の五倍は必要である。それ以下だと関係は破綻する傾向が高い」という。この結果は、あなたをごみのように扱う同僚や上司や顧客と毎日顔を合わせなければならないのなら、できるだけ速やかに逃げ出すべきだという私の主張を後押しするものである。

「悪は善よりも強い」という発見は、〝問題児〟に関する二〇〇六年の論文『リサーチ・イン・オーガニゼイショナル・ビヘイビア』でも支持されている。ウィル・フェルプスらによれば、集団のなかにひとりでも問題児がいると、その集団のパフォーマンスは三〇〜四〇パーセントも低下するという。本書で私は、象徴的なクソ野郎がひとりいたほうが全体のおこないがよくなるのではないかと述べたが、フェルプスの説に従えば——とくに少人数のチームの場合は——逆効果になる場合もあるらしい。

あなたが真のクソ野郎を監視する立場にいるのなら、問題を放置して、いずれどうにかなるなどと思ってはいけないし、一度の警告で引き下がり、処分を先延ばしにしてはいけないし、害のある人物に対処できないような腰抜けになってはいけない。

たしかに劣悪な職場環境が改善し、卑劣な上司や同僚の態度が好転する場合もある。しかし一方で、クソ野郎にどっぷり漬かって身動きがとれない場合もある。そういうときはクズどもを遠ざけ、前向きに状況をとらえなおし、無関心を決め込み、感情を麻痺させることが、クソ野郎病から身を守る最善の策である。だが、毎日を前向きに過ごす力を持ちつつも、行動を起こす意志や自信がない人に、これまで大勢出会ってきた。

本書の初版は二〇〇七年に発売されたが、新たに追加したこのエピローグが、そんなみなさんの「一歩を踏み出す」さらなる力になればと願っている。

親愛なる読者のみなさんへ

すでにご覧いただいたように、私はさまざまな方から送られてきた「クソ野郎撲滅法」にまつわる話やアドバイスから、多くのことを学ばせていただいた。今後もぜひ続けていきたいと思っている。もしクソ野郎にまつわる体験談等をメールしてくださるのなら、私のブログwww.bobsutton.netにアクセスしてほしい。ブログでは、さまざまなコメントや職場のクソ野郎話のほか、職場に関する新たな論文や研究なども読めるようになっている。ただし、メールが送られてきた時点で、使用許可をいただいたものとし、どこかで発表する場合があることをご了承いただきたい。もちろん、きちんとした許可がないかぎり、実名を使用することは絶対にない。

みなさんのメールをお待ちしている。

スタンフォード大学
ロバート・サットン

追伸——第４章のクソ野郎度を測る自己診断テストをやってみるなら、ガイ・カワサキのサイトに行ってみるといいかもしれない。ＡＲＳＥ（Asshole Rating Self-Exam）に名前を変えたそのテストは延べ二〇万人以上の人が試している。アクセスは私のブログ、または以下からどうぞ。http://electricpulp.com/guykawasaki/arse/

参考文献リスト

卑劣な人たちについて、また彼らがもたらす損害やそれを食い止める方法についてもっと知りたい人のために、私のお気に入りの書籍や論文を紹介する。よく知られている卑劣漢に関するものや、社員や職場についての文献も含まれている。

- Ashforth, Blake. "Petty Tyranny in Organizations." *Human Relations* 47 (1994) :755-79.
- Bowe, John, Marisa Bowe and Sabin Streeter, eds. *Gig: Americans Talk About Their Jobs at the Turn of the Millennium*. New York: Crown, 2000.
- Buchanan, Paul. "Is it Against the Law to Be a Jerk?" Essay for the Washington State Bar Association, 2001.
- Cowan, John. *Small Decencies: Reflections and Meditations on being Human at Work*. New York: HarperBusiness, 1992.（邦訳：『なにげないことが大切なこと——ビジネスマン

の座標軸』渡部昇一訳、経済界）

- Davenport, Noa, Ruth Distler Schwartz, and Gail Pursell Elliott. *Mobbing: Emotional Abuse in the American Workplace*. Ames, Iowa: Civil Society Publishing, 2002.（邦訳：『職場いびり——アメリカの現場から』アカデミックNPO監訳、緑風出版）
- Einarsen, St å le, Helge Hoel, Dieter Zapf, and Cary L. Cooper. *Bullying and Emotional Abuse in the Workplace: International Perspectives in Research and Practice*. London: Taylor & Francis, 2003.
- Feinstein, John. *A Season on the Brink: A Year with Bob Knight and the Indiana Hoosiers*. New York: Simon & Schuster, 1989.（邦訳：『瀬戸際に立たされて——ボブ・ナイトとインディアナ大フージャーズの1年』桜井真紀子、西尾昭彦、湯沢結美 、鈴木真澄 、堀越俊幸訳、日本文化出版）
- Fox, Suzy, and Paul E. Spector, eds. *Counterproductive Work Behavior: Investigations of Actors and Targets*. Washington, D.C.: American Psychological Association, 2005.
- Frost, Peter J. *Toxic Emotions at Work: How Compassionate Managers Handle Pain and Conflict*. Boston: Harvard Business School Press, 2003.
- Hornstein, Harvey A. *Brutal Bosses and Their Prey: How to Identify and Overcome Abuse in the Workplace*. New York: Riverhead Press, 1996.（邦訳：『問題上司——「困った上司」

の解決法』斎藤勇訳、プレジデント社）

- Huselid, Mark A., Brian E. Becker, and Richard W. Beatty. *The Workforce Scorecard: Managing Human Capital to Execute Strategy*. Boston: Harvard Business School Press, 2005.
- Kramer, Roderick M. "The Great Intimidators." *Harvard Business Review*, February 2006, 88-97.
- MacKenzie, Gordon. *Orbiting the Giant Hairball: A Corporate Fool's Guide to Surviving with Grace*. New York: Viking, 1998.
- McLean, Bethany, and Peter Elkind. *The Smartest Guys in the Room: The Amazing Rise and Scandalous Fall of Enron*. New York: portfolio, 2003.
- Media.mit.edu/press/jerk-o-meter. Visit this site to learn more about how the Jerk-O-Meter works and the research that led to this invention
- Mnookin, Seth. *Hard News: The Scandals at The New York Times and Their Meaning for American Media*. New York: Random House, 2004.
- O'Reilly Charles A., and Jeffrey Pfeffer. *Hidden Value: How Great Companies Achieve Extraordinary Results with Ordinary People*. Boston: Harvard Business School Press, 2000.（邦訳：『隠れた人材価値——高業績を続ける組織の秘密』広田里子、有賀裕子、長谷

川喜一郎訳、翔泳社）
- Pearson, Christine M., and Christine L. Porath. "On the Nature, Consequences, and Remedies of Workplace Incivility: No Time for 'Nice'? Think Again." *Academy of Management Executive* 19, no. 1 (2005): 7-18.
- Pfeffer, Jeffrey. *The Human Equation: Building Profits by Putting People First*. Boston: Harvard Business School Press, 1998.（邦訳：『人材を生かす企業——経営者はなぜ社員を大事にしないのか？』佐藤洋一訳、トッパン）
- Seligman, Martin. *Learned Optimism: How to Change Your Mind and Your Life*. New York: Free Press, 1998.（邦訳：『オプティミストはなぜ成功するか——ポジティブ心理学の父が教える楽観主義の身につけ方』山村宜子訳、パンローリング）
- Stump, Al. *Cobb: A Biography*. Chapel Hill. N.C.: Algonquin, 1994.
- Van Maanen, John. "The Asshole." In *Policing: A View from the Streets*, edited by P.K. Manning and John Van Maanen, 231-38. Santa Monica, Calif: Goodyear, 1978.
- Weick, Karl. "Small Wins: Redefining the Scale of Social Problems." *American Psychologist* 39 (1984): 40-49.

謝辞

まさか自分がこのような本を書くとは思わなかったが、執筆作業は本当に楽しかった。本書は私の四冊目のビジネス書だ。どの本も気に入っているが、実を言うと前の三冊を書いたときには執拗な痛みが伴った。しかし、本書ではそれがほとんどなかった。いつもと同じように、いらだったり、混乱したりすることはあったものの、とにかく楽しかった。というのも、本書の題名を伝えただけで、大勢の人が興味深い話を聞かせてくれたり、資料を紹介してくれたり、さまざまな形で協力してくれたからだ。そのため、これ以上ないほど精力的に執筆活動を続けることができた。人から話を聞き、調べものをして、自分の周囲で起きていること、あるいは過去に起こったことに目を向け、それを書きしるし、ひたすらみんなに「ありがとう」と言う。大半がそんな作業だったように思う。

まずは、本書のもととなったエッセイを書くよう勧めてくれた編集者二人に感謝を述べたい。彼らはおそらく、私の下品な言葉遣いを修正し、少なくとも本当にこの言葉は必要かと尋ねたかったと思うが、いっさい文句を言わず、品位ある雑誌に「クソ野郎」という言葉を掲載してくれた。二〇〇四年二月のハーバード・ビジネス・レビュー誌で「理不尽なトラブル」を担当した編集主任のジュリア・カービー、編集者のトーマス・スチュワート、そして二〇〇四年五月に「嫌な人々」を掲載してくれた、CIOインサイトの編集責任者、エレン・パールマンにもお礼を述べたい。

話を聞かせてくれたり、実例を挙げてくれたり、さまざまな手段で助けてくれたすべての人に感謝している。プライバシー保護の観点から名前を挙げることができない人もたくさんいるが、サリー・バロン、ショナ・ブラウン、ダン・デニソン、スティーブ・ドバースタイン、チャーリー・ガルニック、リズ・ガーバー、ボブ・ジャンピエトロ、ジュリアン・ゴロツキー、ロデリック・ヘール、リサ・ヘルリッチ、〝スージーQ〟・ホスキング、アレックス・カザクス、ローレイ・キアシュリー、デヴィッド・ケリー、トム・ケリー、ジョン・ケリー、ジョージ・ケンベル、ヘリーン・キスト、ペリー・クレバーン、ランディ・コミサー、ジョン・リリー、ギャレット・ローブ、ラルフ・モーラー、メリンダ・マッギー、ホイットニー・モーティマー、ピーター・ネイサン、ブルース・ニコルズ、ナンシー・ニコルズ、シボーン・オマホニー、ディエゴ・ロドリゲス、デイブ・サンフォード、ジェームズ・スカリンギ、ジェレミー・シューズ、スー・シューマン、ビクター・ザイデルに感謝する。また、私のヒーローにして作家のカート・ヴォネガットに格別の感謝を。「ジョー・ヘラー」の詩の使用許諾を直々に書いてくれたポストカードは、私の宝物だ。

本書の執筆にあたっては、一九八〇年代から九〇年代まで私が勤めていたIEEM（生産科学工学および技術管理学部）のメンバーからも大いに刺激を受けた（IEEMは一九九九年にスタンフォード大学に新設されたMS&E「経営理工学部」に併合された）。IEEMは、私が「クソ野郎撲滅法」をはじめて目撃した場所だ。活気あふれるすばらしい職場で品位と知性を示してくれたジム・アダムス、ボブ・カールソン、ジム・ジャッカー、なかでも学部長のウォーレン・ハウスマンに感謝する。ほかにもダイアン・ベイリー、トム・バイヤーズ、キャシー・アイゼンハート、デボラ・グルーアンフェルド、パム・ヒンズ、ロッド・クレイマー、マギー・ニール、チャールズ・オライリー三世、ハギー・ラオ、ティナ・シーリグなど、大勢の同僚に助けてもらった。とくに、スティーブ・バーリーの存在はずっと私の励みだった。私の気まぐれに耐え、（私を含めた）数々のクソ野郎から私を救い、「まとめ」という言葉のすばらしさを教えてくれた。いちばん近しい同僚にして友人のジェフ・フェファーは、執筆の仕方をはじめ、数々のアイディアや巧みな叱咤激励で心の支えになってくれた。スタンフォード・エンジニアリング・スクールの学部長ジェイムズ・プラマー、副学部長のローラ・ブレイフォグルとチャニング・ロバートソンにも謝意を表したい。愛すべき彼らは、思いやりと有能さを備えたリーダーの鑑である。チャニングは実際に「嫌なやつ撲滅法」を自分が率いるグループで実践していた。さすがだ！　そして、私を気遣い、大小さまざまな面で助けてくれたロズ・モルフには格別の感謝を伝えたい。

行動科学高等研究所に在籍していた二〇〇二年から〇三年のあいだに、本書につながる多くのアイディアを発見できた。こののどかな機関は、スタンフォード大学構内の片隅にひっそりと設置されていて、私のような幸運な学者にじっくり執筆する時間を提供してくれるばかりか、異なる分野の研究者と交流する機会も与えてくれる。二〇〇三年の夏に同研究所を去るとき、二冊の執筆をはじめていた私は、そのどちらも脱稿していないことにいらだっていた。その後しばらくかかったものの、無事に本書と『事実に基づいた経営――なぜ「当たり前」ができないのか？』（東洋経済新報社）を書き終えることができたが、同研究所で熟考した一年がなければどちらも形にすることはできなかった。ナンシー・ピンカートン、ジュリー・シューマッハ、ボブ・スコットに感謝する。

また、私の著作権エージェントであるフレッチャー＆パリーのドン・ラムとクリスティ・フレッチャーにもお世話になった。彼らは私の熱意を駆り立て、本書が充実した内容になるよう尽力し、完璧な編集者を見つけてくれた。その編集者であるワーナー・ビジネス・ブックのリック・ウルフは、本書のすばらしい理解者であり、彼と共同作業ができたのは私にとってまたとない幸運だった。内容についてはじめて話し合ったときからウルフは、本書が大胆なタイトル、突拍子もない話、意外性のある展開にとどまらず、多くの人が日々苦しめられている問題に取り組もうとしていることを見抜いてくれた。

私の家族にも感謝したい。ハリウッドのベテラン・プロデューサーとして毎回私を励ましてくれた、いとこのシェリ・シンガーは、なぜハリウッドは映画やテレビ番組を制作する際に必要以上に嫌らしい一面を見せることがあるのか、その理由を教えてくれた。亡き父ルイス・サットン、それに母アネット・サットンにも力をもらった。父の経験やアドバイスのおかげで、私は卑劣な人間を避けることができた。母は、私がこれまで執筆したどの本よりも本書を気に入ってくれている。息子のタイラーの面倒を見てくれたマレイケとピーター・ドナットが助けてくれなければ、本書を完成させられなかったばかりか、家族がこの四年間を乗り越えられたかどうかも分からない。

最後に、夫婦になってから三〇余年のあいだ、私を愛し支えてくれている、やさしく現実的な妻マリーナに感謝を捧げる。職業柄、マリーナの職場で蔓延しがちな問題を扱った本書は、彼女にとっても大事な作品だ。数々のアドバイスやフィードバックをはじめ、原稿に目を通してはすばらしい提案をしてくれた。そして、愛しくて賢くておかしな三人の子供たち、イヴ、クレア、タイラーに本書を捧げる。きみたちがクソ野郎に悩まされることなく、末永く幸せな人生を送ってくれることを心から願っている。

■著者紹介

ロバート・I・サットン（Robert I. Sutton, PhD）

スタンフォード大学経営理工学部教授。著書に『マル上司、バツ上司――なぜ上司になると自分が見えなくなるのか』（講談社）、ニューヨーク・タイムズ紙、ウォール・ストリート・ジャーナル紙、ビジネスウィーク誌のベストセラー・リストに掲載された本書、ハーバード・ビジネス・レビューで「今年の10冊」に選ばれた『なぜ、この人は次々と「いいアイデア」が出せるのか――“儲け”を生み出す12の“アイデア工場”』（三笠書房）、『事実に基づいた経営――なぜ「当たり前」ができないのか？』（共著、東洋経済新報社）、『実行力不全――なぜ知識を行動に活かせないのか』（共著、ランダムハウス講談社）などがある。カリフォルニア州メンローパーク在住。

■訳者紹介

片桐恵理子（かたぎり・えりこ）

愛知県立大学日本文化学科卒。カナダで６年、オーストラリアで１年の海外生活を経て翻訳の道に。訳書にマイケル・グラントの『GONE ゴーン』『GONE ゴーン II 飢餓』『GONE ゴーン III 虚言』（いずれもハーパーコリンズ・ジャパン）などがある。

2018年11月３日 初版第１刷発行

フェニックスシリーズ ⑰

チーム内の低《てい》劣《れつ》人《にん》間《げん》をデリートせよ
――クソ野郎撲滅法

著　者　　ロバート・Ｉ・サットン
訳　者　　片桐恵理子
発行者　　後藤康徳
発行所　　パンローリング株式会社
〒160-0023　東京都新宿区西新宿7-9-18　6階
TEL 03-5386-7391　FAX 03-5386-7393
http://www.panrolling.com/
E-mail　info@panrolling.com
装　丁　　パンローリング装丁室
印刷·製本　株式会社シナノ

ISBN978-4-7759-4201-7

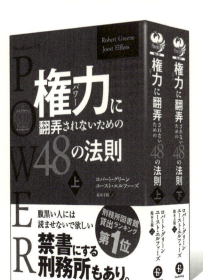

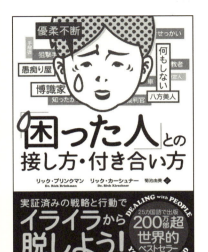

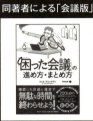